古代歷史文化^{研究}輯刊

十九編

王明蓀 主編

第35冊

唐宋時期對王羲之書法的理解與詮釋（下）

洪文雄 著

國家圖書館出版品預行編目資料

唐宋時期對王羲之書法的理解與詮釋（下）／洪文雄 著 — 初
版 — 新北市：花木蘭文化事業有限公司，2018〔民107〕
目 6+142 面；19×26 公分
（古代歷史文化研究輯刊 十九編；第 35 冊）
ISBN 978-986-485-431-8（精裝）
1.（晉）王羲之 2.書法 3.唐代 4.宋代
618   107002326

ISBN-978-986-485-431-8

9 789864 854318

古代歷史文化研究輯刊
十九編　第三五冊　　　　　　　ISBN：978-986-485-431-8

唐宋時期對王羲之書法的理解與詮釋（下）

作　　者　洪文雄
主　　編　王明蓀
總 編 輯　杜潔祥
副總編輯　楊嘉樂
編　　輯　許郁翎、王筑　美術編輯　陳逸婷
出　　版　花木蘭文化事業有限公司
發 行 人　高小娟
聯絡地址　235 新北市中和區中安街七二號十三樓
　　　　　電話：02-2923-1455／傳真：02-2923-1452
網　　址　http://www.huamulan.tw 信箱 hml810518@gmail.com
印　　刷　普羅文化出版廣告事業
初　　版　2018 年 3 月
全書字數　240701 字
定　　價　十九編 39 冊（精裝）台幣 100,000 元

唐宋時期對王羲之書法的理解與詮釋（下）

洪文雄 著

上　冊

誌謝辭

第一章　緒　論 ⋯⋯⋯⋯⋯⋯⋯⋯⋯⋯⋯⋯⋯⋯⋯⋯⋯⋯ 1
　第一節　研究動機 ⋯⋯⋯⋯⋯⋯⋯⋯⋯⋯⋯⋯⋯⋯⋯ 2
　第二節　研究態度與方法 ⋯⋯⋯⋯⋯⋯⋯⋯⋯⋯⋯⋯ 3
　第三節　前行研究分析 ⋯⋯⋯⋯⋯⋯⋯⋯⋯⋯⋯⋯⋯ 11
　第四節　釋題與論述程序 ⋯⋯⋯⋯⋯⋯⋯⋯⋯⋯⋯⋯ 16

第二章　初唐對王羲之書法推重下的規範化書法 ⋯ 19
　第一節　唐太宗推重王羲之書法 ⋯⋯⋯⋯⋯⋯⋯⋯⋯ 19
　第二節　楷書的規範化 ⋯⋯⋯⋯⋯⋯⋯⋯⋯⋯⋯⋯⋯ 25
　第三節　草書的規範化 ⋯⋯⋯⋯⋯⋯⋯⋯⋯⋯⋯⋯⋯ 43
　第四節　行書的規範化 ⋯⋯⋯⋯⋯⋯⋯⋯⋯⋯⋯⋯⋯ 50

第三章　初盛唐對王羲之書法推重的繼承與轉向 ⋯ 65
　第一節　從孫過庭〈書譜〉到李嗣眞〈書品後〉 ⋯⋯ 65
　第二節　張懷瓘與〈述書賦〉對王羲之書法的詮釋
　　　　　⋯⋯⋯⋯⋯⋯⋯⋯⋯⋯⋯⋯⋯⋯⋯⋯⋯⋯⋯ 80
　第三節　初盛唐書法表現意識轉換中王羲之的
　　　　　地位 ⋯⋯⋯⋯⋯⋯⋯⋯⋯⋯⋯⋯⋯⋯⋯⋯⋯ 90
　第四節　張旭爲盛中唐書風革新的關鍵 ⋯⋯⋯⋯⋯ 116

第四章　中晚唐五代對王羲之書法的傳承與變革 ⋯ 127
　第一節　徐浩的傳承與新發展 ⋯⋯⋯⋯⋯⋯⋯⋯⋯⋯ 128
　第二節　顏眞卿的變革 ⋯⋯⋯⋯⋯⋯⋯⋯⋯⋯⋯⋯⋯ 135
　第三節　懷素的變革 ⋯⋯⋯⋯⋯⋯⋯⋯⋯⋯⋯⋯⋯⋯ 150
　第四節　柳公權、院體及楊凝式之復歸 ⋯⋯⋯⋯⋯ 158
　第五節　敦煌經卷中的傳布 ⋯⋯⋯⋯⋯⋯⋯⋯⋯⋯⋯ 179

下　冊

第五章　北宋尚意書風對王羲之書法的理解與
　　　　詮釋 ⋯⋯⋯⋯⋯⋯⋯⋯⋯⋯⋯⋯⋯⋯⋯⋯⋯⋯ 199
　第一節　北宋刻帖的文化活動 ⋯⋯⋯⋯⋯⋯⋯⋯⋯⋯ 199
　第二節　蘇軾超越法度造新意 ⋯⋯⋯⋯⋯⋯⋯⋯⋯⋯ 222
　第三節　黃庭堅變王書自成一家 ⋯⋯⋯⋯⋯⋯⋯⋯⋯ 233
　第四節　米芾對王羲之書法的新詮釋 ⋯⋯⋯⋯⋯⋯⋯ 243

第六章　南宋書學對王羲之書法的理解與詮釋 ····· 277
　第一節　趙構書法與理論兼具············· 277
　第二節　南宋書法理論中的王羲之書法········· 286
　第三節　〈蘭亭序〉的文化現象············· 297
第七章　結　論···················· 321
　第一節　唐宋時期對王羲之書法的理解與詮釋的
　　　　　演化規律·················· 321
　第二節　唐宋時期各階段對王羲之書法的理解與
　　　　　詮釋···················· 323
參考書目······················ 327
　一、圖書······················ 327
　二、期刊論文···················· 337
　三、網站報紙···················· 340

表目次
　表 2-1：唐太宗時對王羲之書法之蒐羅及見存數
　　　　　量表···················· 22
　表 2-2：王羲之《十七帖》（館本）互見一覽表 ········ 47
　表 2-3：〈蘭亭序〉在初唐的傳播形式 ·········· 57
　表 3-1：張懷瓘〈書議〉眞行草章四體書法家排
　　　　　名一覽表·················· 83
　表 3-2：《書斷》所載十種書體神品人數及名單一
　　　　　覽表···················· 87
　表 3-3：《書道全集》所列昭陵 28 碑一覽表········· 112
　表 4-1：《蘭亭序》（馮摹本）、唐楷與《干祿字書》
　　　　　對照表··················· 139
　表 5-1：《淳化閣帖》各卷標題與內容········· 202
　表 5-2：顏眞卿與王羲之〈東方朔畫贊碑〉比較表· 225
　表 5-3：蘇軾〈書摹本蘭亭後〉所述〈蘭亭敘〉
　　　　　諸例馮摹本與定武宋拓本對照表······ 229
　表 5-4：蘇軾〈淨因院文與可畫竹枯木記〉與王
　　　　　羲之〈蘭亭敘〉比較表··········· 230
　表 5-5：米芾著書中的對王羲之書法的評述一覽表
　　　　　······················· 248
　表 6-1：《蘭亭續考》卷 1 所收〈蘭亭序〉不損本
　　　　　自「王順伯而下 15 跋」分類一覽表········ 309

圖目次

圖 1-1：唐・顏眞卿〈乞米帖〉……………………… 7

圖 1-2：（美）孔恩〈鴨子？兔子？〉……………………… 9

圖 2-1：唐・虞世南《孔子廟堂碑》局部………… 29

圖 2-2：隋・智永《關中本千字文》局部………… 30

圖 2-3：唐・歐陽詢〈房彥謙碑〉局部…………… 34

圖 2-4：北齊・佚名〈玄極寺碑〉局部…………… 34

圖 2-5：唐・歐陽詢〈九成宮醴泉銘〉局部……… 36

圖 2-6：唐・褚遂良《伊闕佛龕碑》局部………… 40

圖 2-7：唐・褚遂良《孟法師碑》局部…………… 40

圖 2-8：唐・褚遂良《雁塔聖教序》局部………… 41

圖 2-9：東晉・王羲之〈蘭亭序〉（馮摹本）局部 1
……………………………………………… 42

圖 2-10：東晉・王羲之〈樂毅論〉局部………… 42

圖 2-11：東晉・王羲之《十七帖》局部………… 44

圖 2-12：唐・太宗〈晉祠銘〉局部……………… 53

圖 2-13：唐・太宗〈溫泉銘〉局部……………… 54

圖 2-14：東晉・王羲之〈快雪時晴帖〉（快雪堂帖）
……………………………………………… 55

圖 2-15：東晉・王羲之〈集字聖教序〉局部 1……… 60

圖 3-1：唐・張彥遠《法書要錄》所載七條筆陣
　　　　出入斬斫圖……………………………… 73

圖 3-2：唐・高宗〈大唐記功碑〉局部…………… 92

圖 3-3：周・武則天〈昇仙太子碑〉局部………… 93

圖 3-4：唐・中宗〈賜盧正道敕〉局部…………… 95

圖 3-5：唐・玄宗書〈鶺鴒頌〉局部……………… 97

圖 3-6：唐・玄宗〈鶺鴒頌〉（上）與東晉・王羲之
　　　　〈蘭亭序〉（下）之比較………………… 98

圖 3-7：東晉・王羲之書〈蘭亭序〉（馮摹本）局部
　　　　2……………………………………………… 98

圖 3-8：唐・陸柬之〈文賦〉局部……………… 101

圖 3-9：唐・李懷琳〈絕交書〉局部…………… 103

圖 3-10：（傳）唐・賀知章：〈孝經〉局部………… 106

圖 3-11：唐・李邕〈李思訓碑〉局部…………… 108

圖 3-12：唐・高正臣〈明徵君碑〉局部…………… 111

圖 3-13：唐‧趙模〈高士廉塋造記〉局部 …………… 115
圖 3-14：唐‧王知敬〈李靖碑〉局部 ………………… 115
圖 3-15：唐‧張旭〈郎官石記〉局部 ………………… 119
圖 3-16：東晉‧王羲之〈樂毅論〉局部 ……………… 119
圖 3-17：唐‧張旭〈草書千字文〉局部 ……………… 123
圖 4-1：唐‧徐浩〈陳尚仙墓誌〉局部 ……………… 133
圖 4-2：唐‧徐浩〈李峴墓誌〉局部 ………………… 133
圖 4-3：唐‧徐浩〈不空和尚碑〉局部 ……………… 134
圖 4-4：唐‧顏眞卿〈王琳墓志〉局部 ……………… 146
圖 4-5：唐‧顏眞卿〈草篆帖〉局部 ………………… 149
圖 4-6：唐‧懷素〈右軍帖〉局部 …………………… 152
圖 4-7：唐‧懷素〈自敘帖〉局部 …………………… 156
圖 4-8：唐‧柳公權書〈金剛經〉局部 ……………… 160
圖 4-9：唐‧柳公權〈伏審姊姊帖〉局部 …………… 162
圖 4-10：唐‧柳公權書〈聖慈帖〉局部 ……………… 163
圖 4-11：唐‧張從申〈李玄靜碑〉局部 ……………… 165
圖 4-12：東晉‧王羲之〈集字聖教序〉局部 2 ……… 166
圖 4-13：唐‧吳通微〈楚金禪師碑〉局部 …………… 169
圖 4-14：五代‧楊凝式〈韭花帖〉（羅振玉版）
局部 …………………………………………… 173
圖 4-15：五代‧楊凝式〈盧鴻草堂十志圖跋〉局部
…………………………………………………… 174
圖 4-16：五代‧楊凝式〈神仙起居法〉（北京故宮
博物院藏版）局部 …………………………… 175
圖 4-17：五代‧楊凝式〈夏熱帖〉局部 ……………… 176
圖 4-18：五代‧楊凝式〈新步虛詞〉局部 …………… 177
圖 4-19：五代‧楊凝式〈雲駛月暈帖〉 ……………… 178
圖 4-20：敦煌遺書 P.4642〈旃罽帖〉殘卷 …………… 180
圖 4-21：東晉‧王羲之《十七帖‧旃罽帖》（宋搨
文徵明朱釋本） ……………………………… 181
圖 4-22：敦煌遺書 S.37532 號〈瞻近帖〉殘卷 ……… 183
圖 4-23：東晉‧王羲之《十七帖‧瞻近帖》（宋搨
文徵明朱釋本） ……………………………… 183
圖 4-24：敦煌遺書 S.1619 中的〈蘭亭序〉習字 …… 184
圖 4-25：敦煌遺書 P.2544 唐‧佚名〈蘭亭序〉
臨本 …………………………………………… 185

圖 4-26：敦煌遺書 P.4764〈書函兩通〉背面局部 ‥ 186

圖 4-27：敦煌遺書 P.2555 局部：敦煌寫本〈宣示
　　　　帖〉‥‥‥‥‥‥‥‥‥‥‥‥‥‥‥ 187

圖 4-28：敦煌遺書 S.3287 王羲之〈顗書論〉及其
　　　　前後文獻‥‥‥‥‥‥‥‥‥‥‥‥ 189

圖 4-29：隋・智永〈眞草千字文〉（墨跡本）局部 ‥‥ 193

圖 4-30：敦煌遺書 P.3561 唐・蔣善進臨智永〈眞
　　　　草千字文〉局部‥‥‥‥‥‥‥‥‥ 193

圖 4-31：隋・智永〈眞草千字文〉（關中本）局部 ‥ 193

圖 4-32：敦煌遺書 P.4702〈篆書千字文五行（旁注
　　　　楷書）〉局部‥‥‥‥‥‥‥‥‥‥‥ 194

圖 5-1：北宋・蘇頌〈不意凶變帖〉局部 ‥‥‥‥ 205

圖 5-2：東晉・王羲之〈行成帖〉（《淳化閣帖》本）
　　　　‥‥‥‥‥‥‥‥‥‥‥‥‥‥‥‥ 208

圖 5-3：東晉・王羲之〈承足下帖〉（《淳化閣帖》
　　　　本）‥‥‥‥‥‥‥‥‥‥‥‥‥‥‥ 210

圖 5-4：南宋・曹士冕〈法帖譜系〉‥‥‥‥‥‥ 214

圖 5-5：東晉・王羲之《淳化閣帖・大熱帖》（〈足
　　　　下疾苦帖〉）‥‥‥‥‥‥‥‥‥‥‥ 217

圖 5-6：東晉・王羲之《大觀帖・大熱帖》（〈尚
　　　　停帖〉局部）‥‥‥‥‥‥‥‥‥‥‥ 217

圖 5-7：東晉・王羲之〈漢時講堂帖〉（《寶晉齋
　　　　法帖》）‥‥‥‥‥‥‥‥‥‥‥‥‥ 226

圖 5-8：北宋・蘇軾臨王羲之〈漢時講堂帖〉‥‥ 227

圖 5-9：北宋・周越〈王著〈草書千字文〉跋〉
　　　　局部‥‥‥‥‥‥‥‥‥‥‥‥‥‥‥ 234

圖 5-10：北宋・黃庭堅〈松風閣詩卷〉局部 ‥‥‥ 240

圖 5-11：〈瘞鶴銘〉局部 ‥‥‥‥‥‥‥‥‥‥‥ 240

圖 5-12：東晉・王羲之〈稚恭帖〉（《翰香館帖》刻
　　　　本）‥‥‥‥‥‥‥‥‥‥‥‥‥‥‥ 258

圖 5-13：東晉・王羲之〈王略帖〉（米芾《寶晉
　　　　齋法帖》刻本）‥‥‥‥‥‥‥‥‥‥ 261

圖 5-14：北宋・米芾〈臨王略帖〉（《寶晉齋法帖》
　　　　本）‥‥‥‥‥‥‥‥‥‥‥‥‥‥‥ 261

圖 5-15：東晉・王羲之〈期小女帖〉（《寶晉齋法
　　　　帖》本）‥‥‥‥‥‥‥‥‥‥‥‥‥ 262

圖5-16：北宋・米芾〈臨期小女帖〉（《寶晉齋法
　　　　帖》本）⋯⋯⋯⋯⋯⋯⋯⋯⋯⋯ 262
圖5-17：東晉・王羲之〈頃日帖〉⋯⋯⋯⋯ 263
圖5-18：北宋・米芾〈臨頃日帖〉⋯⋯⋯⋯ 263
圖5-19：東晉・王羲之〈二月二日帖〉⋯⋯ 264
圖5-20：北宋・米芾〈臨二月二日帖〉⋯⋯ 264
圖5-21：東晉・王羲之〈二孫女帖〉⋯⋯⋯ 265
圖5-22：北宋・米芾〈臨二孫女帖〉⋯⋯⋯ 265
圖5-23：東晉・王羲之〈脩載帖〉⋯⋯⋯⋯ 266
圖5-24：北宋・米芾〈臨脩載帖〉⋯⋯⋯⋯ 266
圖5-25：山東岱廟米芾〈第一山〉碑刻與筆者合影⋯ 269
圖5-26：北宋・米芾〈虹縣詩〉局部⋯⋯⋯ 270
圖5-27：南宋・劉球《隸韻》選頁⋯⋯⋯⋯ 273
圖5-28：南宋・高宗《紹興米帖》所刻米芾隸書
　　　　局部⋯⋯⋯⋯⋯⋯⋯⋯⋯⋯⋯ 274
圖5-29：東晉・王羲之〈蘭亭序〉「事」字例⋯⋯ 274
圖6-1：東晉・王羲之《淳化閣帖・里人帖》⋯ 282
圖6-2：宋・高宗〈眞草千字文〉局部⋯⋯⋯ 284
圖6-3：宋・姜夔〈跋王獻之保母帖〉局部⋯ 289
圖6-4：宋・岳珂〈楷書郡符帖頁〉局部⋯⋯ 296
圖6-5：宋・吳說〈獨孤僧本蘭亭序跋〉殘頁⋯ 314
圖6-6：宋・姜夔〈落水本蘭亭序跋〉⋯⋯⋯ 315
圖6-7：宋・尤袤〈行書蘭亭序跋〉局部⋯⋯ 316
圖6-8：宋・樓鑰〈行行題徐鉉篆書帖〉局部⋯ 317
圖7-1：王羲之書法在唐宋時期之軸線發展關係圖⋯ 322

第五章　北宋尚意書風對王羲之書法的理解與詮釋

　　經過唐末五代的紛亂，宋代重新回歸統一局勢，對於唐末以來地方坐大、五代時期篡弒頻生的狀況必須有效遏止，皇室方能穩定，宋太祖趙匡胤（927～976）實行「強幹弱枝」、「制治於未亂」之政策，並且重文輕武，終於確保宋初的穩定。

　　在不同的文化背景之下，對於王羲之書法的理解與詮釋出現極大的差異，從尚法到尚意，從實用漸向藝術表現，北宋開啓了另一個書法新紀元。

第一節　北宋刻帖的文化活動

　　宋代對於文士儒臣十分禮遇，提倡文人治國，於是書院興起，學者輩出，宋初太宗太平興國年間編纂大型類書、叢書，如《太平御覽》、《太平廣記》、《文苑英華》等著作，顯示對於文藝的崇尚，而宋太宗也愛好書法，效法唐太宗廣蒐天下法書，刻製《淳化閣帖》，雕版印刷經過唐代、五代的發展，到北宋時期更趨成熟，刻帖漸漸流行，使字帖的傳播更便捷，故而宋代的書法環境與唐代大大的不同。

一、宋太宗搜訪天下書法之行動

　　《淳化閣帖》之刻製是出於宋太宗積極的作爲，宋太宗愛好書法，即位之後，即與唐太宗相仿，下詔蒐求天下書法、名畫，歐陽脩〈進蘭亭修禊序〉云：

> 唐末之亂，昭陵爲溫韜所發，其所藏書畫，皆剔取其裝軸金玉而棄
> 之，於是魏晉以來諸賢墨跡，遂復流落人間。〔註1〕

宋經唐末之亂，溫韜盜發唐太宗墓，因只重視金玉，竟將裝裱的畫心書畫棄置，使當年陪葬昭陵之書畫重現人間；北宋初蒐羅書法，王應麟《玉海》載之頗詳：

> 先是太平興國二年十月詔諸州搜訪先賢筆跡圖書，於是荊湖獻張芝
> 草書，潭州獻唐明皇所書〈道林寺〉、〈王喬觀〉碑，袁州獻宋之問
> 書〈龍鳴寺碑〉。三年九月辛亥昇州獻晉王羲之、獻之及桓溫等凡十
> 八家石版書跡（注：上留心筆札，詔善書者十餘人於後殿，日習鍾
> 王書）。六年十二月丁丑又詔訪鍾繇墨跡。七年正月己未錢惟治以鍾
> 繇、王羲之、唐玄宗墨跡七軸爲獻。八年二月丁酉錢昱獻鍾、王墨
> 跡八軸，十月己丑越州獻王羲之石硯。雍熙二年三月丙寅潘昭慶獻
> 虞、褚、歐陽墨跡三本。〔註2〕

前引所謂「天下郡縣」者，此中載有荊湖（今湖北江陵）、潭州（今湖南長沙）、袁州（今江西宜春）、昇州（今江蘇南京）、越州（今浙江紹興）等地，多屬江南地區；另搜訪的時間此載太平興國到雍熙年間持續進行；所獻書跡有墨跡、亦有二王的石刻拓本。又《圖畫見聞誌・蘇氏圖畫》載：

> 蘇大參雅好書畫，風鑑明達，太平興國初，江表平，上以金陵六朝
> 舊都，復聞李氏精博好古，藝士雲集，首以公倅是邦。因喻旨搜訪
> 名賢書畫，後果得千餘卷上進，既稱旨，乃以百卷賜之。公後入拜
> 翰林承旨，啓沃之餘且復語及圖畫，於時敕借數十品於私第，未幾
> 就賜焉，至今蘇氏法書名畫最爲盛矣。〔註3〕

蘇大參在太平興國初年因對書畫有高度鑑賞而受旨搜訪南唐李氏書畫，後蘇氏果進千餘卷，之後官拜翰林，不但與太宗討論書畫之事，又得到皇宮所收書畫的賞賜，以致於收藏法書名畫聞名一時。又《圖畫見聞誌・王氏圖畫》則載：

〔註1〕 水賚佑編：《《淳化閣帖》集釋》（上海：上海古籍出版社，2009年12月），頁
464。

〔註2〕 宋・王應麟：《玉海》（上海：上海古籍出版社，1992年7月影印文淵閣四庫
叢書本），卷45，頁232～233。

〔註3〕 宋・郭若虛撰、黃苗子點校：《圖畫見聞誌》，卷6，頁138。

> 王文獻家書畫繁富，其子貽正，繼爲好事。嘗往來京雒間訪求名跡，
> 充物巾衍。太宗朝嘗表進所藏書畫十五卷，尋降御扎云：「卿所進墨
> 跡并古畫，復遍看覽，俱是妙筆。除留墨跡五卷、古畫三卷領得外，
> 其餘卻還卿家，付王貽正。」其餘者，乃是王羲之墨跡、晉朝名臣
> 墨跡王徽之書、唐閻立本畫〈老子西昇經圖〉、薛稷畫鶴，凡七卷。
> 猶子渙，遂得模詔扎，刊於翠琰。〔註4〕

王溥（卒謚「文獻」）則是另一位收藏家，而且其子貽正踵繼其事，當太宗求
訪書畫時，曾進獻所藏書畫 15 卷，且「具是妙筆」，可見其收藏之精妙，〔註5〕
皇帝留存墨跡 5 卷、古畫 3 卷，其餘的作品不乏王羲之墨跡等均歸還王家，但
這些名跡到其姪子時逐漸散落，皇室恐其湮沒，將之摹刻於石。

二、《淳化閣帖》之刊刻與初期傳布

從上述諸人進獻收藏的文獻來看，宋太宗蒐集書法也得到收藏家的支
持，在此基礎上，《淳化閣帖》便著手進行。太宗在廣收書法之後，和內府所
藏書法，命翰林侍郎王著鑑定，米芾（1052～1107）〈跋秘閣法帖〉云：

> 唐太宗購王逸少書，使魏徵、褚遂良定眞僞。我太宗購古今書，而
> 使王著辨精牘定爲濃帖，此十卷是也。〔註6〕

將唐太宗購募王羲之書，與宋太宗購古今書相提並論，前者的鑑定者是魏徵、
褚遂良，後者的鑑定者則是王著，《淳化閣帖》共計 10 卷。可見宋太宗的動
機有效法唐太宗之意味，然則與唐太宗大異其趣的的是前者獨尊王羲之書，
後者則將視角大大的擴展了，雖然也重視王羲之書法，但已經不再是獨尊的
局面了。茲將《淳化閣帖》十卷的卷目臚列如表5-1：

〔註4〕宋・郭若虛撰、黃苗子點校：《圖畫見聞誌》，卷6，頁138～139。

〔註5〕王家乃宋初家藏名書畫最多者，宋・葉夢得：《石林燕語》（宋・葉孟德撰、
宇文紹奕考異、侯忠義點校：《石林燕語》，北京：中華書局，1997年12月）
載：「太宗留意字書，淳化中，嘗出內府及士大夫家所藏漢晉以下古帖，集爲
十卷，刻石于秘閣，世傳爲《閣帖》是也。中間晉宋帖多出王貽永家，貽永，
祁公之子，國初藏名書畫最多，眞蹟今猶有爲李駙馬公炤家所得者，實爲奇
蹟。（卷3，頁35。）」其中的貽永乃是貽正之子，據元・脫脫等撰：《宋史・
王溥傳》：「王溥……子貽孫、貽正、貽慶、貽序。…貽正子克明，尚太宗女
鄭國長公主，改名貽永，令與其父同行。」（卷249，頁986。）

〔註6〕宋・黃伯思：《東觀餘論・法帖刊誤》，頁91。

表 5-1：《淳化閣帖》各卷標題與內容

卷　次	標題（第一行）	內容〔註7〕
1	歷代帝王法帖第一	漢至唐帝王 18 人〔註8〕，50 帖。
2	歷代名臣法帖第二	漢、魏、吳、晉等 19 人，43 帖。
3	歷代名臣法帖第三	晉、宋、齊等 31 人，35 帖。
4	歷代名臣法帖第四	梁、陳、唐等 17 人，36 帖。
5	諸家古法帖第五倉頡書	倉頡至張旭等 14 人（含無名氏 3 人），23 帖。
6	法帖第六王羲之書一	59 帖。
7	法帖第七王羲之書二	53 帖。
8	法帖第八王羲之書三	48 帖。
9	法帖第九晉王獻之一	41 帖。
10	法帖第十晉王獻之二	32 帖。

　　從表中可以看出，《淳化閣帖》是依照正史的傳統所編纂的，所以將歷代帝王列為第 1 卷，其次為名臣，有 3 卷之多，這反映出古代書法出自名臣的獨特現象；但第 5 卷則是名家法帖，收入自古至唐人的名家書法，甚至是無名氏的書跡，這顯示出宋太宗尊崇書法表現，凡是好跡，都可被收入；王羲之書則佔有 3 卷，這固然是推崇王羲之書法的表現，但其實則與太宗獨尊羲之相比，宋太宗已經不是定於一尊了；又另外王獻之書佔有 2 卷，這是大大的提高王獻之地位的表現，因為從唐太宗銳意收集王羲之書之後，宮廷、人間最重視王羲之書法，流傳也最多，而王獻之遭唐太宗貶抑之後，所存書跡與王羲之相去太遠，因此從各卷的分次已然見到宋初對書法的態度已經和唐初有極大的差異。

　　其次，王著之事蹟可見於《宋史》本傳：

　　　　王著字知微，文仲同時人……自言唐相石泉公方慶之後……著善攻
　　　　書，筆跡甚媚，頗有家法。太宗以字書訛舛，欲令學士刪定，少通

〔註7〕人數、帖數依據容庚：《叢帖目》（一）（臺北：華正書局有限公司，1984 年 2 月），頁 1～11 計算而來。本文重視宋人的觀點，但《閣帖》本身存在分帖的困難，最早、最完整的是宋人劉次莊的《法帖釋文》，但其所載者為「帖中草書世所病讀者」（楊家駱主編：《法帖考·法帖釋文》，臺北：世界書局，1988 年 10 月，卷 10，頁 98～99。），所以並不完整，且其所述並非無誤，後世學者考證頗多，故此據容庚所述。

〔註8〕原 19 人，而其中「梁高帝」與前一人「梁武帝」為同一人（蕭衍），王澍已予指出（見水賚佑編：《《淳化閣帖》集釋》，頁 19），故修正為 18 人。

習者。太平興國三年，轉運使侯陟以著名聞，改衛寺丞、史館祇候，委以詳定篇韻。六年，召見，賜緋，加著作佐郎、翰林侍書與侍讀，更直于御書院。太宗聽政之暇，嘗以觀書及筆法爲意，諸家字體，洞臻精妙。嘗令中使王仁睿持御札示著，著曰：「未盡善也。」太宗臨學益勤，又以示著，著答如前。仁睿詰其故，著曰：「帝王始攻書，或驟稱善，則不復留心矣。」久之，復以示著·著曰：「功已至矣，非臣所能及。」其後眞宗嘗對宰相語其事，且嘉著之善於規益，於侍書待詔中亦無其比。……端拱初，加殿中侍御史。二年，與文仲同賜金紫。明年，卒。〔註9〕

所言「唐相石泉公方慶」者，曾在則天朝時獻《萬歲通天帖》之王方慶，據《舊唐書》所載，其祖先可上溯至王褒，甚至王珣、王洽、王導，是南朝瑯琊臨沂王氏家族之後，〔註10〕「筆跡甚媚，頗有家法」者，即是指這個家傳系統。宋太宗修訂字書時，透過轉運使侯陟的推薦得以詳訂字書的篇韻。在太平興國6年（981）起擔任宋太宗的侍書，而在侍書期間，中使王仁睿將宋太宗的筆札給他評賞，他兩度不以爲然，目的是希望宋太宗能更爲精進，眞宗即位後，特將此事告訴宰相，並以爲侍書、待詔中，王著是最善於規益的，載之於《宋史》中，與唐太宗朝相對照，近於魏徵、褚遂良等名臣，其以書事規諫太宗。

《淳化閣帖》刻成後，作爲大臣登入二府的賞賜，歐陽脩（1007～1072）《集古錄跋尾》云：

太宗皇帝嘗遣使者天下，購募前賢眞蹟，集以爲法帖十卷，鏤板而藏之，每有大臣進登二府者，則賜以一本，其後不賜。或傳板本在御書院，往時禁中火災，板被焚，遂不復賜，或云板今在，但不賜爾，故人間尤以官法帖爲難得。〔註11〕

〔註9〕　元·脫脫等撰：《宋史·王溥傳》，卷296，頁1110。
〔註10〕《舊唐書·王方慶傳》：「則天以方慶家多書籍，嘗訪求右軍遺跡。方慶奏曰：『臣十代從伯祖義之書，先有四十餘紙，貞觀十二年，太宗購求，先臣並已進之。唯有一卷見今在。又進臣十一代祖導、十代祖洽、九代祖珣、八代祖曇首、七代祖僧綽、六代祖仲寶、五代祖騫、高祖規、曾祖褒，并九代三從伯祖晉中書令獻之已下二十八人書，共十卷。』則天御武成殿示群臣，仍令中書舍人崔融爲寶章集，以并其事，復賜方慶，當時甚以爲榮。」（卷89，頁2899）又載王方慶在聖曆二年封爲「石泉公」（頁2900。）
〔註11〕宋·歐陽脩：《集古錄跋尾·十八家法帖》，卷10，頁1211。

所謂二府，指的是中樞省與樞密院，爲一文一武的國家最高行政機關。相較於唐太宗令馮承素等人將〈蘭亭序〉摹出的例子，宋太宗則以《淳化閣帖》作爲登進二府的賞賜，數量亦不可言多，劉敞云：

> 初，太宗好書，集祕府古書，模其筆迹，自倉頡、史籀，下至隋唐君臣以書名世者，爲古今法帖，朝廷宿儒鉅賢，輒以賜之，非其人，雖宰相終不得。〔註12〕

名爲「法帖」，本是內廷所用，〔註13〕賞賜的對象還有品德端方與否的考量，賞賜對象不多，後又經火災，〔註14〕使《閣帖》的原板遭致火焚，因此人間是難得一見。歐陽脩收得部分，據其《集古錄跋尾·雜法帖六》載：

> 嚮於薛十三處得《法帖》一部，闕其第一，久而始獲。南朝諸帝筆法雖不同，大率意思不遠，眇然都不復有豪氣，但清婉若可佳耳。
> 〔註15〕

歐陽脩認爲法帖中南朝諸帝王的筆法雖不同，但是風格相近，以清婉見長，是南朝書風的典型。曾得賞賜的另有蘇頌，樓鑰（1137～1213）《攻媿集》載：

> 此蘇魏公所臨《閣帖》也。《譚訓》云：「嘗于相國寺置得閣本法帖十卷，甚奇，畢文簡公賜本也。」魏公記誦絕人，固由天分，博極羣書，蓋出學力。觀此卷臨摹之工，其勤可知，中人自怠而欲追及前輩，可乎？〔註16〕

蘇魏公即蘇頌（1020～1101），曾在相國寺得到畢文簡賜本《閣帖》，因而勤加臨摹，蘇頌勤於學習，由此臨摹極爲工整可以想見。蘇頌有書名，工於筆札，所臨《閣帖》未見，然於《鳳墅帖·續帖》中，有〈不意凶變帖〉（圖 5-1），行書尺牘，呈現的是蘇軾的筆意，並非《淳化閣帖》的面貌，這是個特別值得注意的現象。

〔註12〕 宋·劉敞：《公是集·先祖磨勘府君家傳》（北京：中華書局 1985 年叢書集成初編本），卷 51，頁 609。

〔註13〕 本曹寶麟說：「這個『法』字，與法宮、法座、法酒的『法』一樣，都是爲內廷所專用。」見於曹寶麟：《中國書法史·宋遼金卷》（南京：江蘇教育出版社，1999 年 10 月），第 9 章，頁 354。

〔註14〕 水賚佑：《《淳化閣帖》集釋·《淳化閣帖》編纂札記》：「大中祥符 8 年（1015）夏四月，榮王元儼宮火災，延燔祕閣，版毀不再賜。」頁 1。

〔註15〕 宋·歐陽脩：《集古錄跋尾》，卷 10，頁 1211。

〔註16〕 宋·樓鑰：《攻媿集》（北京：中華書局 1985 年叢書集成初編本）卷 71，〈跋蘇魏公所臨閣帖〉，頁 965。

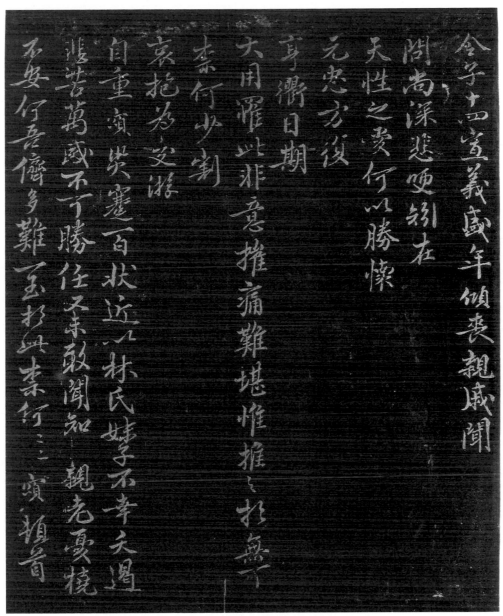

圖 5-1：北宋・蘇頌〈不意凶變帖〉局部

取自中國法帖全集編輯委員會編：《中國法帖全集・第八卷》（武漢：湖北美術出版社，2002 年 3 月），頁 268。蘇頌曾受賜《淳化閣帖》，然其書法卻不從《淳化閣帖》出，而多蘇軾筆意。

古籍載錄受賜《閣帖》的並不多，益顯其珍貴，在其後不復賜或板被火焚之後，開始出現眾多翻刻本，南宋曹士冕《法帖譜系》載：

> 舊傳長沙官本扃鑰，不可常得，碑匠之家，別刻一本，以應求者。
> 〔註17〕

長沙官本係指劉沆所刻的《潭帖》，由於需要的人太多，甚至動腦筋到碑匠身上，碑匠於是別刻一本來應付，可見一斑。

三、北宋對《淳化閣帖》中王羲之書法的批判

《淳化閣帖》乃是皇帝頒給國家朝廷高官，時具有官方法書之性質，歐陽脩（1007～1072）曾云：

> 余嘗喜覽魏晉以來筆墨遺跡而想前人之高致也。所謂法帖者，其事率皆弔哀候病敘睽離通訊問，施於家人朋友之間，不過數行而已。蓋其初非用意，而逸筆餘興，淋漓揮灑，或妍或醜，百態橫生，披卷發函，爛然在目，使人驟見驚絕，徐而視之，其意態愈無窮盡，故使後世得之以為奇翫，而想見其人也。至於高文大冊，何嘗用此？〔註18〕

歐陽脩透過筆端揣想像前人高致，提出魏晉時人作書的動機，係屬天真自然的流露，無意於佳而妙趣橫生，毫無矯揉造作之氣，是日常生活的剪影，與高文大冊相較，前者自然，後者矜練，法帖之作與宋人尚意完全合拍。歐陽脩又云：

> 獻之帖，蓋唐人所臨，其筆法類顏魯公，更俟識者辨知。〔註19〕

歐陽脩提出質疑，認為王獻之的法帖乃是唐人臨本，理由是筆法與顏真卿相似，如此質疑宋太宗頒賜的法帖。若與前條引文相對照，便知是一種意趣的賞翫，而非法律的質疑，但這樣的質疑開啟了宋代已降對於《閣帖》的批評與考證。

北宋初年質疑《淳化閣帖》的不乏其人，如蘇軾（1037～1101）云：

> 辨書之難，正如聽響切脈，知其美惡則可，自謂必能正名之者皆過也。今官本十卷法帖中，真偽相雜至多。〔註20〕

以「聽響切脈」作為辨書之難的比喻，因為鑑書者隨著自己的學養可提高鑑

〔註17〕 宋・曹士冕：《法帖譜系・雜說上・長沙碑匠家本》，頁4。
〔註18〕 宋・歐陽修：《歐陽脩全集・集古錄跋尾》，卷4，頁1139。
〔註19〕 宋・歐陽修：《歐陽脩全集・集古錄跋尾》，卷4，頁1139。
〔註20〕 宋・蘇軾：《東坡題跋・辨法帖》，楊家駱主編：《宋人題跋・上》（臺北：世界書局，1992年3月藝術叢編第一集），卷4，頁109。

賞層次，對於書之好醜也可以有自己的看法，但是若眞要辨別眞僞，以爲某帖必爲某人所書皆不免出錯。因爲法帖中人物的筆跡並不多見，連官方所訂的法帖都「眞僞相雜至多」，何況一般人。接著，蘇軾舉出實例：

> 逸少部中有〈出宿餞行〉一帖，乃張說文，又有「不具釋智永白」
> 者亦在逸少部中，此最疏謬。〔註21〕

蘇軾使用文字考訂的方式斷定僞跡，因爲東晉王羲之不當書寫唐人張說的文章作爲自己的尺牘，顯然是僞作；又另一帖中明言智永所寫的也編入卷 7 王羲之名下，後世稱爲〈承足下帖〉或〈還來帖〉，蘇軾此說頗引注意，關於此二帖，茲取宋人評論，分述如下：

（一）〈出宿餞行帖〉

後世或稱〈行成帖〉（圖 5-2），在《淳化閣帖》卷 6，釋文云：「行，成旅以從。是月也，景風司至，火星殷宵。伯趙鳴而載陰，爽鳩習而楊武。時可以升高遠望；禮可以出宿餞行。有詔具寮，爰開祖。」對於此帖，蘇軾亦曾經發表意見：

> 此卷有云「伯趙鳴而戒晨，爽鳩習而揚武」，此張說〈送賈至〉文也，
> 乃知法帖中眞僞相半。〔註22〕

今檢宋人姚鉉所編《唐文粹》，載有賈曾〈餞張尙書赴朔方序〉一文有云：

> 備官而行，成旅以從。是日也，景風司至，火星殷宵。伯趙鳴而戒
> 陰；爽鳩習而揚武。賦可以升高遠望；詩可以出宿餞行。有詔具寮，
> 爰開祖宴。且中後命，寵以蕃錫。〔註23〕

兩相對照，文字略有出入，蘇軾所說並非無據，雖然他對於作者與篇名似與今日所見不同，但此帖顯然不是王羲之原本，可能是後人所書〔註24〕或是集字而成。〔註25〕

〔註21〕宋・蘇軾：《東坡題跋・辨法帖》，卷4，頁109。

〔註22〕宋・蘇軾：《東坡題跋・辨法帖》，卷4，頁109。

〔註23〕楊家駱主編：《唐文粹》（臺北：世界書局，1972 年 2 月），卷98，頁2。

〔註24〕宋・黃庭堅：《山谷題跋・評釋長沙法帖・餞行帖》（楊家駱主編：《宋人題跋・上》，臺北：世界書局，1992 年 3 月藝術叢編第一集）：「自『成旅以從』至『開祖』字，當是虞永興少年時書。」（卷 9，頁 275。）以爲是虞世南之筆，屬主觀臆測。

〔註25〕宋・黃伯思：《宋本東觀餘論・法帖刊誤》：「而作草書，多不綴屬，當是集逸少書寫此序耳。」（卷下，頁 60～61。）

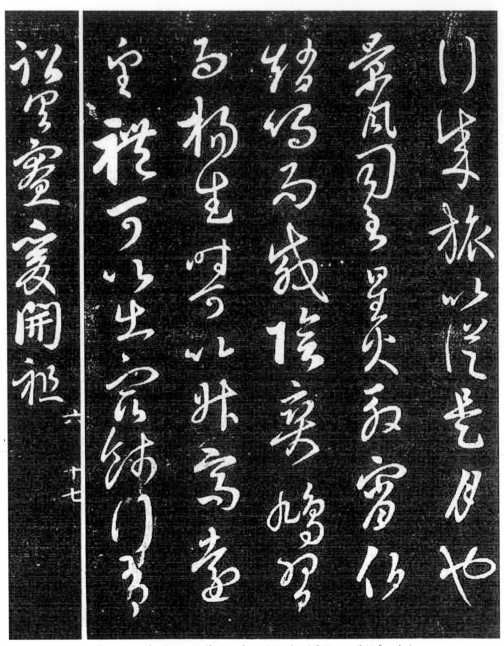

圖 5-2：東晉・王羲之〈行成帖〉（《淳化閣帖》本）

取自水賚佑編：《淳化閣帖集釋》（上海：上海古籍出版社，2009 年 12 月），頁 259。

（二）〈承足下帖〉（圖 5-3）

蘇軾有云：

> 此卷有永「足下還來」一帖。其後云「不具釋智永白」，而云逸少書。
> 余觀其語云「謹此代申」。唐末以來，乃有此等語，而書至不工，乃
> 流俗偽造永禪師書耳。〔註26〕

此帖末有「智永」（一說「智果」〔註27〕），顯然不是王羲之書，蘇軾更從用語及書法水準發表意見，認爲書跡不工，甚至不是智永的筆跡，黃庭堅亦云：「是智永書之不臧者」〔註28〕，可見宋人以爲此作書跡水準不高，劉次莊《法帖釋文》云：

> 此帖是多論爲差誤，蓋太宗皇帝取其書類右軍，遂參列其間，所以
> 貴之耳。太宗於草聖最爲深妙，何乃特不曉此釋智永字耶？〔註29〕

劉次莊知曉前人的非議，提出宋太宗愛屋及烏的心理爲宋太宗開脫，因爲智永是王羲之七世孫，承傳家法，唐代已降均以爲然，卻爲宋太宗不能分辨這件草書不是王羲之的作品感到疑惑，因爲宋太宗本身對草書有極高的造詣。

蘇軾的意見還有：

> 梁武帝使殷鐵石臨右軍書，而此帖有「與鐵石共書」語，恐非二王
> 書，字亦不工，覽者可細辨也。〔註30〕

此則辨析《淳化閣帖》卷10王獻之〈近與鐵石帖〉並非二王書，〔註31〕辨析的方法是先從其書寫內容懷疑，次就書法水準而言，蘇軾往往從這兩方面判定書跡的眞假，前者客觀，後者主觀，不得不取於作者蘇軾本身高超的書法水準。而以「二王」並稱，自唐太宗歿後逐漸回復，不足爲奇。

〔註26〕宋·蘇軾：《東坡題跋·辨法帖》，卷4，頁110。

〔註27〕明·邢侗：〈淳化帖右軍書評〉：「〈行李帖〉，智果書。二果字省筆乃押字，劉次莊釋文誤作智永。」從「押字」的角度認爲是智果的作品（明：邢侗：《來禽館集》，四庫全書存目叢書編輯委員會編：《四庫全書存目叢書·集部一六一》，濟南，齊魯書社，1997年7月，卷21，頁660。）。按：〈行李帖〉即是〈承足下帖〉，蓋因帖中有「若因行李，願存故舊」之語，故邢侗稱之〈行李帖〉，此帖末尾署名後一字似「永」亦似「果」，遂有爭論，一般以爲智永書，然亦未可定奪。

〔註28〕宋·黃庭堅：《山谷題跋·評釋長沙法帖》，「謹此代申帖」條，卷9，頁274。

〔註29〕宋·劉次莊：《法帖釋文》，卷7，頁68。

〔註30〕宋·蘇軾：《東坡題跋·疑二王書》，卷4，頁110。

〔註31〕參見水賚佑編：《《淳化閣帖》集釋》，頁433～434。

圖 5-3：東晉・王羲之〈承足下帖〉（《淳化閣帖》本）

取自水賚佑編：《《淳化閣帖》集釋》（上海：上海古籍出版社，2009 年 12 月），
頁 321。

　　北宋初年對《閣帖》批評最力的要屬米芾（1052～1107），有〈跋秘閣法
帖〉長文，載於黃伯思《東觀餘論・法帖刊誤》之後，疾呼「僞帖太半」，並
列舉之：

　　（法帖）甚者以〈千字文〉爲漢章帝、張旭爲王子敬、以俗人學智
　　永爲逸少，如其聞以子敬及眞智永爲逸少者，猶不失爲名帖。余嘗
　　於檢校太師李瑋第觀侍中王貽永所收晉帖一卷，內武帝、王戎、謝
　　安、陸雲輩，濃若篆籀，體若飛動，著皆委而弗錄，獨取都惜兩行
　　入十卷中，使人慨歎；又劉孝孫處見柳公權所收跋子敬〈送黎帖〉，
　　然於太宗卷中辨出，乃以逸少一帖連在後，而云「又一帖」，不知爲
　　逸少也；公權，唐名家尚如此，顧何議著。〔註32〕

────────────────

〔註32〕　宋・黃伯思：《宋本東觀餘論》，頁 91～92。

米芾在此言之鑿鑿，除前述〈承足下帖〉爲俗人學智永書外，並指出許多誤收帖，並以自己眼見王貽永家藏晉帖指出王著眼光的偏差，又舉柳公權所跋的〈送梨帖〉後的一帖，實是王羲之書，而先是柳公權誤以爲是王獻之書，所以相連在王獻之〈送梨帖〉之後，〔註 33〕說明唐名家柳公權的鑑賞尚且如此，則王著的失誤應是難免。米芾鑑定的方法，主要是以以字跡水準爲依歸，並將自己的見解寫成〈跋淳化閣法帖〉：

> 余抱疾端憂，養目文藝，思而得之，粗分眞僞，因跋逐卷末以貽好
> 事同志，百年之後必有擊節賞我者。〔註 34〕

米芾自己以爲只是粗分眞僞，並以爲百年之後必有擊節眞賞者，實際上不必等百年，便有黃伯思之作踵繼其事，且細密成之。米芾之見解爲黃伯思的先驅，因爲所覽既多，見解逐高，其各卷跋語，黃伯思錄載於其《東觀餘論》中，〔註 35〕米芾以主觀的鑑賞，一一斷定有「一手僞帖」、「俗人僞帖」、「無名人僞帖」、「作者誤植」、「集字成帖」等類，以其自身高度的鑑賞能力，提出「僞帖太半」的論斷，並具體指稱哪些是僞帖，唯他的所認定的僞帖乃是主觀的論述，缺乏客觀的證明，而踵其事者黃伯思，則更爲精細客觀。

黃伯思作《法帖刊誤》分兩卷，有序云：

> 淳化中，內府既博訪古遺蹟，時翰林侍書王著受詔緒正諸帖，著雖
> 號工草隸，然初不深書學，又昧古今，故祕閣法帖十卷，瑤珉雜糅，
> 論次乖譌，世多耳觀，遂久莫辯。〔註 36〕

以爲《閣帖》之所以」「瑤珉雜糅」，乃因主其事者王著不深書學且昧於古今，而一般能見到《閣帖》拓本的人不多，只能以訛傳訛，因此黃伯思有此之作，他是在米芾得基礎上更加深考的，〈序〉說：

> 故禮部郎米芾元章，筆翰妙薦紳間，在淮南幕府日，嘗跋卷作數百
> 語，頗有條流，但槩舉其目，疎畧甚多。〔註 37〕

有感於米芾之作僅「概舉其目，疏略甚多」，所以做更全面具體的刊誤，〈序〉中又云：

〔註 33〕 此事在米芾《書史》中有更詳細的說明，見於米芾：《米芾集》（武漢：湖北教育出版社，2002 年 5 月），頁 119。

〔註 34〕 宋・黃伯思：《宋本東觀餘論》，頁 92。

〔註 35〕 宋・黃伯思：《宋本東觀餘論》，頁 93～99。

〔註 36〕 宋・黃伯思：《法帖刊誤・序》，頁 27。

〔註 37〕 宋・黃伯思：《法帖刊誤・序》，頁 27。

故諸部中或偽蹟甚著而不覺者，若李懷琳所作、衛夫人書、逸少〈別稍久帖〉類；有雖審其偽而譏評未當者，若知伯英、大令諸草帖為唐人書而不知乃書晉人帖語之類；有譏評雖當主名昭然而不能辯者，若以田疇字為非李斯書，而不知乃李陽冰《明州碑》中字之類；有誤著其主名者，若以晉人章草諸葛亮傳中語，遂以為亮書之類是也。其餘舛午尚多。〔註38〕

此中舉出 1. 偽跡、2. 米芾譏評未當、3. 米芾錯辯主名者、4. 誤其主名四類，顯然較之米芾更為精密，且黃伯思對自己的鑑識也相當有信心，〈序〉云：

書家責能書者備，故僕於元章慨然，古語有之：「善書不鑒，善鑒不書。」僕自幼觀古帖至多，雖豪墨積習未至，而心悟神解，時有所得，故作《法帖刊誤》，凡論真偽皆有據依，使鍾王復生不易此評矣。

元章今已物，故恨不示之，後有高識，賞予知言。〔註39〕

和米芾相較，黃伯思的書名遠遠不及，援引衛夫人〈筆陣圖〉中語自解，〔註40〕並展現自己的自負，以為所作鑑識，不論米芾，甚至鍾王復生都能首肯。

黃伯思在《法帖刊誤》中對《淳化閣帖》各卷都有考辨，可謂全面，他使用的鑑定方法據王宏生的研究，約有下列數種：

（一）根據書法風格或書家簽署直指其偽；

（二）根據帖文內容及語言風格鑑定；

（三）根據歷史文獻考定流傳線索，最後進行真偽鑑定。〔註41〕

以上三者並非獨立分開運用，「黃伯思鑑定法帖往往綜合運用各種方法，力求鑑定精確。」〔註42〕這樣的考辨方法已經十分完備，樹立典範，後世對法帖的考辨大多不出此範圍。〔註43〕

〔註38〕 宋·黃伯思：《法帖刊誤·序》，頁 27～28。
〔註39〕 宋·黃伯思：《法帖刊誤·序》，頁 28～29。
〔註40〕 東晉·衛夫人：〈筆陣圖〉云：「善鑑者不寫，善寫者不鑑。」（見於唐·張彥遠《法書要錄》（范本）卷 1，頁 6。）
〔註41〕 王宏生：《北宋書學文獻考論》（上海：上海三聯書店，2008 年 3 月），頁 320～322。
〔註42〕 王宏生：《北宋書學文獻考論》，頁 322。
〔註43〕 如水賚佑〈《《淳化閣帖》考釋彙編》編輯札記〉中曾列舉歷代學者對《淳化閣帖》有「三種考證方法」：（一）根據帖的內容、辭句考證；（二）根據相關的時間、年代考證；（三）根據書藝筆法考證。（見於李潤桓等編：《祕閣皇風》，頁 10～11。另水氏〈《淳化閣帖》集釋編纂札記〉或是據此文修改，看法相近，見於水賚佑編：《《淳化閣帖》集釋·代序》（上海：上海古籍出版社，2009 年 12 月，頁 4～5。）三種方法與王宏生所說類同。

　　《淳化閣帖》乃是宋太宗下令王著所刻，從法書的收集而甄選、刊刻，除皇室、大臣登二府者能得賞賜外，並不輕易與人，若對照唐太宗收集法書，定王羲之為一尊而後得《蘭亭序》後命趙模、馮承素等人摹出數本分賜大臣有相近的意義，亦即，唐太宗與宋太宗都將法書視為文字的權力象徵物，這是傳統皇室對於文字權力掌握的具體寫照。

　　因此，《淳化閣帖》的刊刻雖然取自許多書家，但它所顯示的是一種傳統的繼承，而不是風格的演變，所以要從《閣帖》中判斷諸家風格是十分不容易的，故而產生了某某帖是否是某某書的爭論，因為書家的風格，已經被類同化，而類同化的主軸即為鍾王模式，前舉王應麟《玉海》所謂「上留心筆札，詔善書者十餘人於後殿，日習鍾王書。」正透露此一訊息。再者，主其事者王著本身也是學習王羲之書法的，因此，宋太宗效法唐太宗之意甚明。不過，宋初書家對於《淳化閣帖》並不如初唐三家一般信奉，甚至束之高閣，別有取法（如蘇頌），因為書法的學習仍以師授最為有效，而引領北宋書壇的三大家：蘇軾、黃庭堅、米芾均對《閣帖》有相當的批判，由此觀之，《淳化閣帖》的權力象徵更甚於書法。

四、北宋法帖刻製由官方而民間的轉向

　　封建社會裡，皇家的權力仍然為多數人所遵奉，《淳化閣帖》是一種王官文字的散播，亦屬權力的象徵，知識份子總想擁有，趙希鵠《洞天清祿集》載：

> 太宗朝搜訪古人墨跡，令王著銓次，用棗木板摹刻十於祕閣，……
> 乃親王宰執使相除拜賜一本，人間罕得，當時每本價已八百貫文，
> 至慶歷間，禁中火災，其板不存，今所見《閣帖》多乏精神焉。有
> 《絳帖》以閣本重摹，而祕閣反不如《絳帖》精神乎？則此可以觀
> 也。〔註44〕

宋太宗令王著所刻的《閣帖》，先是不輕易賜人，後又禁中失火而棗版被焚，因此人間罕得，因此其價高昂。由於《閣帖》原本所見之人不多，流行的是其翻刻本，一再的摹勒，逐漸失真，以致於《閣帖》之精神反不如《絳帖》，一部法帖經一而再、再而三的翻刻，當然面目全非，精神喪盡。

〔註44〕宋・趙希鵠：《洞天清祿集》，頁20，

世間流行的《閣帖》翻刻本繁雜，南宋曹士冕的《法帖譜系》載之最詳，有〈法帖譜系〉圖（圖 5-4）。曹氏自序云：

> 自是（按：指《閣帖》刻成之後）好事者轉相傳摹，而又增益他帖，別爲卷第，如《絳帖》、《潭帖》之類，枝分派別，不知其幾。世之得其一二者，未暇詳攷，往往自爲珍異，此是彼非，莫知底止。余生最晚，自幼粗知崇慕書學，第識見淺陋，所得不廣，淳化古帖，恨未識眞。近世所藏率是荐（按：四庫本作「贋」）本，《絳帖》家藏數種，雖有同異，並皆中原新刻，近歲始獲見古本于三衢好事家，然後知單公炳文之論不我欺也。因取平生所見諸帖，列成譜系，以備遺忘。〔註45〕

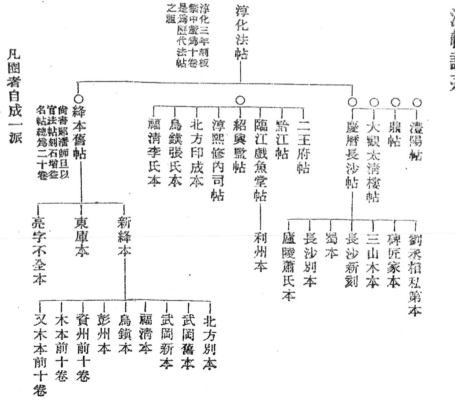

圖 5-4：南宋・曹士冕〈法帖譜系〉

取自南宋・曹士冕：《法帖譜系》（叢書集成初編本，北京：中華書局，1985 年），頁 1～2。

〔註45〕 宋・曹士冕：《法帖譜系》，頁 1。

據此則知《閣帖》在南宋時已經過傳摹、增益成多種版本，一般人只要得到其中的一兩部，便視若珍奇異寶，在這種情形之下，如果不能見到真本佳拓，是不容易辨別好壞的，曹氏所見廣博，列一譜系，是後人考論法帖的重要著作。

就像曹氏序中所提示的，此譜系將宋代法帖的傳衍做了枝派，主要可分做《閣帖》、《潭帖》、《絳帖》三個系統，〔註46〕這三個系統都是以《閣帖》為基礎的。

先論《閣帖》系統，就北宋時期而言，應屬《臨江戲魚堂帖》影響較大。趙希鵠《洞天清祿集》載：

> 劉次莊摹《閣帖》於臨江，用工頗精緻，且石堅，至今不曾重模，
> 獨二卷略殘缺，然拓本既多，頗失鋒芒，今若得初本鋒芒未失者，
> 當在舊《絳帖》之次，新《潭帖》之上，然其釋文間有譌處。〔註47〕

《臨江戲魚堂帖》為《閣帖》翻刻本，摹刻者劉次莊使用精緻的工藝手法，而且使用堅硬的石材而非棗木，仍因摹搨過多而漸失鋒芒，其影響可見一斑，而所謂「釋文間有譌處」乃因劉次莊在刻帖時加注楷書釋文於其旁，劉次莊云：

> 模刻之後二年，復取帖中草書世所病讀者，為釋文十卷，並行於時，
> 所以上廣太宗皇帝垂意訓示天下，後世之學者耳。〔註48〕

劉氏之所以刻釋文，係因《閣帖》之草書一般人不易辨識。《法帖釋文》為《淳化閣帖》全帖草書的楷定釋文，〔註49〕開啟《閣帖》釋文的考訂研究，這一方面顯示《淳化閣帖》原本的缺失，另一方面也顯示宋人對《閣帖》的重視。

〔註46〕　水賚佑：〈《淳化閣帖集釋》編纂札記〉：「《閣帖》紛紛翻刻，據書史記載，僅宋代就達廿餘種。……在翻摹續輯蔚然成風的同時，出現將帖文或增補或刪削，從而形成《閣帖》、《潭帖》、《絳帖》三大系統。」（水賚佑編：《淳化閣帖》集釋》，頁1）這應是水氏考察宋代刻帖後的結論，與曹氏〈法帖譜系圖〉所釋近同，據此故云。

〔註47〕　宋・趙希鵠《洞天清祿集》，頁21。

〔註48〕　宋・劉次莊：《法帖釋文》，卷10，頁98～99。

〔註49〕　《淳化閣帖》中除草書外，尚有楷書、行書甚至篆籀古文，皆不在劉次莊釋文範疇，其自云：「東晉明帝、康帝、哀帝、簡文帝文孝王、武帝書皆楷法，故不復釋。」（宋・劉次莊：《法帖釋文》，卷1，頁20。）又檢《閣帖》卷5，有蒼頡、夏禹、仲尼等人之古文；史籀之籀文、李斯之小篆等均不釋，可見劉次莊之意在考訂草書，而非全本釋文。

其次，應予以討論的是《大觀帖》，曹士冕《法帖譜系‧大觀太清樓帖》載：

大觀中，奉旨刻石太清樓。字行稍高，而先後之次亦與《淳化帖》
小異。其間有數帖多寡不同，或疑用真蹟摹刻，凡標題皆蔡京所書。
卷尾題云「大觀三年正月一日奉聖旨模勒上石」。〔註50〕

「大觀」為宋徽宗年號，此帖是奉旨摹勒，為官帖無疑。大觀3年（1109）去
淳化3年（992）已經117年，有鑑於《淳化閣帖》的缺失，《大觀帖》作了相
當的改正，而且在版式上也不同。每行的字數增加，試以〈大熱帖〉（一名〈足
下疾苦帖〉）為例，《淳化閣帖》本（圖5-5）約兩行半，《大觀帖》本（圖5-6）
則約僅兩行，且與〈尙停帖〉合而為一。每行字數若取圖中前兩行計算，《淳
化閣帖》本有21字，《大觀帖》本有27字（缺字可據《淳化閣帖》本補：首
行末為「晴」、次行末為「夏」，平均《大觀帖》約可多出3字左右，而字距
也作了微調，如圖中「不易」兩字，《大觀帖》本較為緊密，故《大觀帖》更
顯流暢華美，《淳化閣帖》則顯得樸實古典。其次，此帖也可為分帖作見證，
今本或分作〈尙停帖〉與〈足下疾苦〉兩帖，據《大觀帖》則可知兩者實為
一帖。復次，《淳化閣帖》本帖中首行末兩字，黃庭堅釋作「小船」〔註51〕，
劉次莊釋作「□恆」〔註52〕，據《大觀帖》本，則應作「甚恆」，「甚」字在
《淳化閣帖》本中顯然是被誤刻了。

《大觀帖》也是根據真跡而摹刻，與《淳化閣帖》兩相對照，可以發現
兩者所呈現的面貌極為不同，不論是在版式或字距上都有相當的出入，甚至
改成另外的字，顯示不論《閣帖》或《大觀帖》，都不是完全依照王羲之墨跡
的樣式照摹而是有所調整的。

其次論《潭帖》系統，《潭帖》的刻製在時序上早於《大觀帖》約60年。
〔註53〕《潭帖》一名《長沙帖》，蓋因刻於長沙得名，長沙宋時屬潭州，歐陽
脩《集古錄跋尾》「晉賢法帖」條云：

右晉賢法帖，太宗皇帝萬機之餘，留精翰墨，嘗詔天下購募鍾王真

〔註50〕 宋‧曹士冕：《法帖譜系》，卷上，頁6。

〔註51〕 宋‧黃山谷：《山谷題跋》（楊家駱主編：《宋人題跋‧上》，臺北：世界書局，
1992年3月藝術叢編第一集）〈大熱帖〉條：「晴便大熱，小船中至不易，可
得過夏。」（頁273）

〔註52〕 宋‧劉次莊：《法帖釋文》，楊家駱主編《法帖考》（臺北：世界書局，1988
年11月藝術叢編第一集），頁64。

〔註53〕 取劉沆帥潭在仁宗慶曆年間（1041～1048），取下限慶曆8年（1048），距《大
觀帖》刻製之大觀3年（1109）有61年之久，據此故云。

跡，集爲《法帖》十卷，摹刻以賜群臣。往時顧相劉公沆在長沙，以官《法帖》鏤版，遂布於人間；後有尚書郎潘師旦者，又擇其尤妙者別爲卷第，與劉氏本並行。至余集錄古文，不敢輒以官本參入私集，遂於師旦所傳，又取其尤者散入錄中。〔註54〕

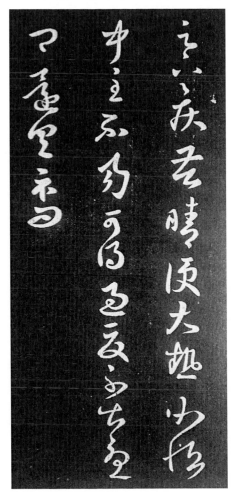

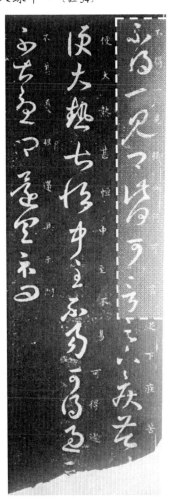

圖 5-5：東晉・王羲之《淳化閣帖・大熱帖》（〈足下疾苦帖〉）

取自秦明智、徐祖蕃編校譯釋：《淳化閣帖》（蘭州：甘肅人民出版社，1996 年 5 月影印明拓肅府本），頁 334。

圖 5-6：東晉・王羲之《大觀帖・大熱帖》（〈尚停帖〉局部）

取自文物出版社編：《大觀太清樓帖宋拓眞本　第七卷》（北京：文物出版社，2001 年 3 月），頁 12（頁碼自編）。

〔註54〕宋・歐陽脩：《集古錄跋尾》，卷 4，頁 1139。

丞相劉沆守長沙在宋仁宗慶曆間（1041～1048），大體依據《淳化閣帖》刻製《潭帖》，是較早翻刻《閣帖》的法帖；〔註55〕《淳化閣帖》是「奉旨摹勒」，是以歐陽脩作《集古錄》，「不敢以官本參入私集」：不敢擅自批評，遂取潘師旦所刻者（為《絳帖》，說詳後）錄入。

根據前列〈法帖譜系圖〉可知《潭帖》在宋代廣為翻刻，就曹士冕所見就有八種之多。〔註56〕曹士冕《法帖譜系》「慶曆長沙帖」條：

> 丞相劉公沆帥潭日，以淳化官帖命慧照大師希白模刻于石，寘之郡齋，增入〈霜寒〉、〈十七日〉、王濛、顏真卿等諸帖，而字行頗高，與淳化閣本差不同，逐卷各有歲月。第一卷題云「慶曆五年季夏慧照大師希白模勒」、第二卷「慶曆八年仲冬月慧照大師希白重模」、第三卷則「五年六月」、第四卷「八年仲冬月」、第五卷「戊子歲孟冬」、第六卷「五年季夏」、第七卷「五年仲秋月」、第八卷「五年季夏月模勒上石」、第九卷「八年仲冬月」、第十卷「五年仲秋月」，每卷各有「慶曆及慧照大師希白重模」字，不復贅錄。〔註57〕

據此則知，其內容與形式均有異於《閣帖》之處：在內容上，增加王羲之的〈霜寒帖〉、〈十七日帖〉以及王濛和顏真卿諸帖；在形式上，比《閣帖》的字行稍高，增加了《閣帖》單行字數，相對的行數變少（與《大觀帖》相近），逐卷各題有年月，分析其所記得年份，只有慶曆5年（1045）與慶曆8年（1048）兩種，在第一卷與第二卷分別提示了前者為「摹勒」，後者乃是因石殘缺而「重摹」，〔註58〕據曹士冕所見，已經重摹了4卷。《潭帖》今無傳本，然而宋人的評論不少，試就王羲之部分析論之。洪邁《容齋四筆》中記載蘇軾的題記，有評《潭帖》第8卷云：

〔註55〕 中國法帖全集編輯委員會編：《中國法帖全集・1》，頁10。這是宋人的紀錄，實則後人據實物，魏王府本更早，說已如前。

〔註56〕 表列七種，實則《黔江帖》亦是翻刻《潭帖》，應予增入。

〔註57〕 宋・曹士冕：《法帖譜系・雜說上》，頁3。

〔註58〕 宋・趙希鵠：《洞天清祿集》：「《淳化閣帖》既頒行，潭州即模刻二本，謂之《潭帖》，余嘗見其初本，當與舊《絳帖》鴈行，至慶曆八年，石已殘闕，永州僧希白重摹。東坡猶嘉其有晉人風度，建炎金騎至長沙，守城者以為砲石，無一存者，紹興初，第三次重摹，失真遠矣。」（頁21）又林志鈞《帖考・潭帖考》論證頗詳，可參看。頁101～103。

　　希白作字，自有江左風味，故長沙《法帖》比淳化待詔所摹爲勝。

　　世俗不察，爭訪閣下本，誤矣。此逸少一卷尤妙。〔註59〕

以爲摹刻者僧希白本身的書法具有東晉風味，故所摹《長沙帖》較《淳化閣帖》更勝，東坡對《閣帖》頗有微詞，以爲眞僞相雜，在此對《潭帖》第 8 卷特爲肯定，評價超越了《閣帖》。

　　劉沆以《閣帖》爲底本，以官刻帖爲其基調，不過改變了《閣帖》的行制，其面貌與《閣帖》原本已經不同；其次劉沆除了翻刻《閣帖》外，增入王羲之二帖顯示出北宋初期王官對於王羲之法帖的蒐集不夠徹底；增入顏眞卿帖，則顯示了不同的觀點。

　　在時序上，《潭帖》早於《大觀帖》約 60 年，《潭帖》之主倡者劉沆的權力在地方不在中央，因此《潭帖》爲刻帖由王官轉向民間的關鍵，而北宋第一部民間刻帖爲《絳帖》，林志鈞以爲「其（按：指《絳帖》）爲北宋唯一民間刻帖。」〔註60〕而《潭帖》「爲劉沆帥潭日所刻，雖非內府官帖，仍屬顯者主倡。」〔註61〕民間刻帖一方面意味著文字歸屬於王權的失落，一方面則預示民間觀點的自主，書法走向更爲開放多元。

　　《絳帖》爲潘師旦所刻，共有 20 卷。南宋・趙希鵠《洞天清祿集》（1240 左右成書）載：

　　絳州法帖二十卷，乃潘舜臣用《淳化帖》重摹而參入別帖，然比今所見《閣帖》，精神過之。舜臣事力單微，而自能鐫石，雖井闌墈砌皆徧刻無餘，所以段數最多，或有長尺餘者。舜臣死，二子析而爲二。〔註62〕

《絳帖》是私家刻帖，與官方之人力、物力、財力皆遜，是以格式不一，最長者有尺餘之度。其次，《絳帖》在潘舜臣亡故之後爲其二子拆散爲兩部而各有流傳，茲不具論。

　　《絳帖》之流傳廣遠，討論者多，據姜夔《絳帖平・序》所載，黃庭堅有〈跋絳帖〉一卷、北方有《絳帖字鑑》二卷、南宋榮芑有《絳帖釋文》一

〔註59〕宋・洪邁：《容齋隨筆・四筆》（上海：上海古籍出版社，1998 年 3 月）「東坡題潭帖」條，卷 10，頁 727。

〔註60〕林志鈞：《帖考》，頁 80。

〔註61〕林志鈞：《帖考》，頁 97，注 11。

〔註62〕宋・趙希鵠：《洞天清祿集》，頁 20～21。

卷并《說》一卷、曾槃《絳帖釋文》一卷等，〔註63〕而《法帖譜系》還提及單炳文的《絳帖辨證》〔註64〕，可見其研究之廣泛，推測緣由，《絳帖》為北宋民間刻帖，非官方所出，故士子可更為大膽的議論，前引歐陽脩《集古錄跋尾》「晉賢法帖」條為其中一例，可惜上述這些論述大致已經亡佚不見，難以究考了。

　　若論及《閣帖》以外的王羲之書跡刻帖，除了《絳帖》之外，應論《汝帖》，據中田勇次郎所考，北宋時尚有《汝帖》卷6所載10帖，〔註65〕雖然《汝帖》被黃伯思評為摹刻最劣，流傳不多，不過，《汝帖》之出現自有其文化意涵在焉。

　　《汝帖》與前述諸法帖具有不同的編輯意識，該帖刻於大觀三年，刻者為王寀，字道輔，王寀為汝州（隋置，今河南臨汝縣）〔註66〕太守時所刻，故名《汝帖》，石凡12段，原有目錄及王寀跋記今已亡失，程文榮《南邨帖考》載有其跋：

> 寀來汝踰年，吏民習其疏拙，不甚誑以事，閉閤蕭然，奉親之外，獨念棄日。偶得三代而下訖於五季字書百家，冠以倉頡奇古，篆籀隸草眞行之法帖，具用十二石，刻寘坐歗堂壁。其論世正名於治亂之際，君子小人之分每致意焉，識者謂之筆史。蓋使小學家流，因以博古知義，不特區區近筆硯而已，太（大）觀三年八月上丁敷陽王寀記。〔註67〕

王寀刻石12塊，以倉頡為首，然後依照文字發展的順序，具刻篆籀、隸書、草書、楷書與行書諸體法帖，其目的不僅僅在提供臨摹，更著重在文字演變，使學者博古知義。此跋可見刻帖者的動機，由此反觀前述《閣帖》以下諸刻帖，何以明明重視王羲之書，然而卻要刻篆籀隸楷、甚至帝王名臣之法書，因為書法的學習，不單單是筆墨技巧，更重要的是「正名於治亂

〔註63〕 宋・姜夔：《絳帖平》（北京：中華書局，1985年影印叢書集成初編本），頁1。就中諸書，黃庭堅之跋見於《山谷題跋・卷四・題絳本法帖》；曾槃《絳帖釋文》收錄於《南村帖考》，餘皆不存。

〔註64〕 宋・曹士冕：《法帖譜系》，頁9。其書不傳。

〔註65〕 戴蘭村譯：《書道全集・第4卷》，頁36。

〔註66〕 林志鈞：《帖考》，頁115。

〔註67〕 清・程文榮：《南邨帖攷》（上海：上海書店，1994年叢書集成續編本第86冊），頁326。

之際」、「致意於君子小人之分」；其次，雖然是私家刻帖，但是所謂的私家仍是官宦之家，王寀刻帖的動機乃具有繼承或發揚文字流變的意識；再者，其鐫刻粗陋必將導致筆法漫漶，故知所在乎的是字形而非書法藝術之表現。黃伯思云：

> 雜取《法帖》、《續帖》中所有者時載之，又珉玉閒篋，不能辨也，此猶亡害，至其集古帖及碑中字萃爲僞帖，并以一帖省其文別爲帖及強名者甚多，稍識書者便可別之。〔註68〕

黃伯思抨擊《汝帖》雜取《閣帖》與《續帖》中的帖子，卻不能去蕪存菁，以致於有好有壞，更嚴重的是《汝帖》有集古帖、集古碑字合而爲一帖或以一帖省略部分文字而別爲一帖等現象。〔註69〕

〔註68〕　宋・黃伯思：《宋本東觀餘論》頁126。

〔註69〕　有關於王羲之書者，黃伯思云：「如逸少帖『春秋輒爲患』、『不得北軍問』、『遠近清和』等語，乃摘取『北軍』、『遠近』、『春秋』等字集爲一帖，強爲王衍書。」（宋・黃伯思：《宋本東觀餘論》，頁126～127。）檢《汝帖・第八》載王衍書，其文云：「大北軍十六日後至項春秋得小遲之遠近以爲佳。知足下來度不能已。吾亦無如之何。時事故悠悠耶？」（《中國法帖全集・汝帖》，頁94、96。）王羲之法帖在《汝帖》中被移爲王衍書，可見書風類同化之效應。而黃伯思指出王羲之帖中有「春秋輒爲患」、「不得北軍問」、「遠近清和」等語，蓋指《汝帖》從王羲之法帖中摘取其中的「北軍」、「遠近」、「春秋」等字集爲一帖。程文榮《南邨帖考》云：「今〈春秋〉、〈北軍〉兩帖無考，〈遠近帖〉見戲鴻堂刻《澄清堂帖》內，『遠近亦無如之何』七字乃從此摘入。」（上海：上海書店，1994年叢書集成續編本第86冊，頁322。）檢《澄清堂帖・遠近清和帖》有「遠近清和……亦無……如之何」（見於中國法帖全集編輯委員會編：《中國法帖全集10》，武漢：湖北美術出版社，2002年3月，頁168。），程文榮所言不虛，〈北軍〉一帖亦無可考。然〈春秋〉、〈遠近〉兩帖均可見於《法書要錄》，綜合如下：1.「春秋輒爲患」：在《法書要錄・右軍書記》云：「春秋輒有患」（《法書要錄》（洪本）頁282。）一名〈大都帖〉，《二王帖》卷中收入，今本釋文卻云：「麥秋輒有違」，並有注云：「續帖」（宋・許開：《二王帖評釋》，清・陳慶年橫山草堂1914據康熙十八年俞良貴臨本刻製，卷中，頁10a），意謂出自《淳化祕閣續帖》；檢（日）宇野雪村編：《王羲之書跡大系・第十三冊・麥秋帖》（東京：東京美術，2004年4月，頁88。）可見「麥」與「春」、「違」與「患」形近易誤，就筆跡而言，宜爲「麥秋輒有患」，但與《法書要錄》不合。2.「不得北軍問」無考。3.「遠近清和」：《法書要錄・右軍書記》云：「遠近清和」（《法書要錄》（洪本）頁250。），程文榮所考確實。對照《汝帖》王衍書與之相近。可見黃伯思所言屬實，《汝刻》因此而流存部分王羲之書，至於何以王寀要取此而非彼，甚至集字成帖，因無說明不得確知。然由王衍書的考察，可見法帖流傳之錯綜複雜。

　　復次，《汝帖》將商周青銅器款識、〈石鼓文〉、漢隸、唐隸、唐碑等書跡刻入帖中，實已改變二王為標準的基本書法意識，而將二王書置於文字發展史的潮流中，也顯示出宋代對古文的重視。黃伯思云：

　　　　頃在洛州聞汝州新鐫諸帖，謂之「汝刻」，其名已弗典矣。〔註70〕

《淳化閣帖》、《大觀帖》均以年號為名，顯示出官方的色彩，而《汝帖》以地方（汝州）為名，顯非王官所為，《汝帖》之名黃伯思以為其名不典，反證了王寀不同於《閣帖》等法帖的刻帖意識。

　　宋代初期，太宗廣蒐天下法書，和唐太宗有相同的書法統一的動機，而刻製《淳化閣帖》可見文化的進步，在編輯上採用傳統史書的形式，但二王共占有 5 卷之多，明顯的是以二王為主，這與唐太宗獨尊王羲之亦相彷彿，《淳化閣帖》的背後具備了官方對書法傳播與統一動機，是一種權力的象徵，是以僅賞賜身登二府之大臣，但是文字的書寫在經過唐代長時期的發展之後，已經十分普遍而且穩定，書法表現也趨向多元，書寫法式不再是官方能掌握的了，是以《淳化閣帖》的影響十分有限，雖然如此，它仍是重要的文化符號，是以宋徽宗改刻《大觀帖》，仍具有掌握文字權力的意識型態，但《潭帖》的出現宣告王官文字權力的再次退守，刻帖的性質也從權力的象徵悄悄的轉變。

第二節　蘇軾超越法度造新意

　　北宋對於王羲之書法的理解與詮釋以蘇、黃、米三大家為首領。這三位大家，一方面在書法的表現上廣受宋代的稱頌與學習；另一方面，則均取法於王羲之書法，作出不同的示範，給後人極重要之啓示。

　　在考察北宋尚意書風的表現時，特別值得注意的是王羲之書法以外的取法。三大家均有取於王羲之書法，但也加入了新元素，對於書法的藝術表現向前發展了一大步。

一、蘇軾之書法淵源

　　北宋三大家以蘇軾為最早，故先予考之。蘇軾的書法學習之路，其弟子黃庭堅在〈跋東坡自書所賦詩〉中說：

〔註70〕宋・黃伯思：《宋本東觀餘論》，頁 126。

　　東坡少時規模徐會稽，筆圓而姿媚有餘。中年喜臨寫顏尚書眞行，

　　造次爲之，便欲窮本。晚乃喜李北海書，其毫勁多似之。〔註71〕

在黃庭堅的觀察中，蘇軾的學習之路大約可分作三階段，第一階段是學習徐浩，展現出的筆致是圓而姿媚；中年時則學顏眞卿，並且嘗試追溯顏眞卿的本源；晚年則是心儀李北海，可從其筆毫的堅勁得到印證。從這段記載來看，蘇軾對王羲之書法似乎不太著意，事實上並非如此，蘇軾對於王羲之典範的師法不但曾經深研過，且所表現出來的逸趣，可謂直接右軍。黃庭堅曾說：

　　東坡道人少日學〈蘭亭〉，故其書姿媚似徐季海。至酒酣放浪，意忘

　　工拙，字特瘦勁，乃似柳誠懸。中歲喜學顏魯公、楊風子書，其合

　　處不減李北海。〔註72〕

黃庭堅認爲蘇軾因爲「少時規模徐季海」而有華美之姿，而其中還有〈蘭亭敍〉的滋養在焉。蘇軾的字肥美，黃庭堅謂出自〈蘭亭〉、徐浩、柳公權，而中年後，對顏眞卿、楊凝式特別投契。黃庭堅提出蘇軾書姿媚似徐浩的說法，蘇軾大不以爲然，有〈自評字〉云：

　　昨日見歐陽叔弼云：「子書大似李北海。」余亦自覺如此。是或以謂

　　似徐書者，非也。〔註73〕

蘇軾自認書法出自李邕，並試圖與徐浩劃清界限，實因徐浩書姿媚過俗之故。蘇軾稱美顏眞卿，讚譽其爲古今之變、盡天下之能事，在〈書吳道子畫後〉云：

　　詩至於杜子美，文至於韓退之，書至於顏魯公，畫至於吳道子；而

　　古今之變、天下之能事畢矣。〔註74〕

蘇軾將顏眞卿書法、杜甫之詩、韓愈之文與吳道子的畫並舉，以爲此四人能順時而變，是天下藝文表現的第一能手，尤其強調「變」字，作爲藝術表現的書法，蘇軾認爲不應與人面貌相似，他知道這是一條困難的道路：

〔註71〕　宋・黃庭堅：《山谷題跋》（楊家駱主編：《宋人題跋・上》，臺北：世界書局，
　　　　　1992 年 3 月藝術叢編第一集），卷9，頁282。
〔註72〕　宋・黃庭堅：《山谷題跋》〈跋東坡遺墨〉，卷5，頁229。
〔註73〕　宋・蘇軾：《東坡題跋》，卷4，頁122。
〔註74〕　宋・蘇軾：《東坡題跋》，卷5，頁131。

> 顏魯公書雄秀獨出，一變古法，如杜子美詩，格力天縱，奄有漢、
>
> 魏、晉、宋以來風流。後之作者，殆難復措手。〔註75〕

蘇軾很清楚的知道要超越前面幾位大師是十分困難的，所以對顏眞卿十分折服，以爲顏眞卿「秀雄獨出」，就像杜甫詩，不論是格調或氣勢，都不是常人所及，並且繼承、統括六朝人的風流而成，蘇軾深刻的體驗到這是難以超越的顚峰；但不論如何，蘇軾講求一個「變」——他不願意與人面貌相似。

他雖取法於顏字，卻也關心鍾王風度，曾云：

> 予嘗論書，以謂鍾、王之迹蕭散簡遠，妙在筆墨之外。至唐顏、柳，
>
> 始集古今筆法而盡發之，極書之變，天下翕然以爲宗師，而鍾、王
>
> 之法益微。〔註76〕

蘇軾之書，不論就其自述或表現，當以顏眞卿之影響爲最劇，因爲顏眞卿在蘇軾眼中是兼有雄、秀，獨出冠時，而顏眞卿活動於盛唐、較之活動於魏晉的鍾王時代更近，時風可見一斑，然而，蘇軾並不以步趨顏眞卿爲滿足，他更追求「鍾王之法」，而顏眞卿所集的古今筆法，王羲之當然在列，這是不離蘇軾法眼的，蘇軾說：

> 顏魯公平生寫碑，惟〈東方朔畫讚〉爲清雄。字間櫛比而不失清遠，
>
> 其後見逸少本，乃知魯公字字臨此書，雖大小相懸，而氣韻良是。
>
> 非自得於書，未易爲言此也。〔註77〕

蘇軾以爲顏眞卿〈東方朔畫讚碑〉乃是字字臨自王羲之，王羲之書有《寶晉齋帖》本傳世，而顏眞卿書則雖已漫漶，幸原石仍在，亦有拓本傳世，今將二人所書之相同文字製表對照如表5-2。

〔註75〕 宋・蘇軾：《東坡題跋》〈書唐氏六家書後〉，卷4，頁128。
〔註76〕 宋・蘇軾：《東坡題跋》〈書黃子思詩集後〉，卷2，頁81。
〔註77〕 宋・蘇軾：《東坡題跋》〈題顏魯公書畫讚〉，卷4，頁112。

表 5-2：顏真卿與王羲之〈東方朔畫贊碑〉比較表

出處	王羲之〈東方朔畫贊碑〉局部，取自《中國書法全集・11・寶晉齋法帖》，頁 53。	顏真卿〈東方朔畫贊碑〉，取自董仁惠主編：《顏真卿書東方朔畫贊碑東方先生墓碑》（青島：青島海洋大學出版社，1990 年 8 月），頁 64～65。
內容		

　　從表 5-2 中可以看出，顏眞卿並不是亦步亦趨的臨寫王羲之書，「從」字、「茲」字均構別體，應是來自其家學正字觀的影響，[註78] 但像「以」字、「來」字、「適」字「敬」字都有相當的形似與神似，因此蘇軾所謂「字字臨此書」的想法並非單純主觀想像，透過此碑，可以考見顏眞卿對王羲之師法，這是蘇軾慧眼之點撥。但顏眞卿基於家學傳統以及個人的創造，將此碑寫得極富個人色彩。因此，蘇軾所謂的「臨書」、他心中理想的臨書典型，不是一個字一個

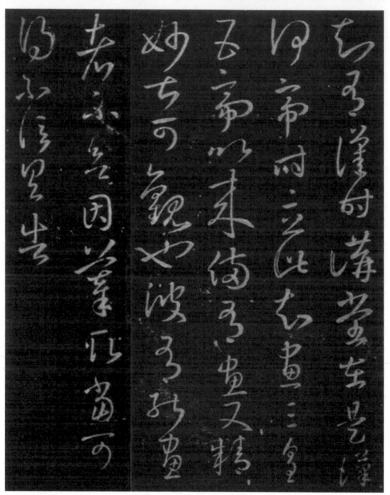

圖 5-7：東晉・王羲之〈漢時講堂帖〉(《寶晉齋法帖》)

取自中國法帖全集編輯委員會編：《中國法帖全集 11・寶晉齋法帖》(武漢：湖北美術出版社，2002 年 3 月)，頁 117～118。

〔註78〕據施安昌編：《顏眞卿書干祿字書》(北京：紫禁城出版社，1992 年 7 月)，其中「茲」字王羲之的字形乃是俗體 (頁 16～17)。

字對照臨摹，單求其點畫、字形之相似，而有更深層的內涵要求，亦即求其神似，所以，即便顏眞卿此書「字間櫛比」大異王羲之書的「清遠消散」，且大小相懸（圖中顏字經縮小處理，原單字約寬 7 公分〔註79〕而王書寬約 1 公分），仍「氣韻良是」，在王羲之「清」的基礎上進一步成就「清雄」的書法風格，「清」是王羲之的「清遠」，「雄」則是顏眞卿自身的書法創格。蘇軾洞見兩者相同之處，始有「字字臨此（王書）」之說。這樣的詮釋，給後人極大的啓示。

其次，蘇軾還留有一件臨王羲之〈漢時講堂帖〉（圖 5-7）的作品，刻在《西樓蘇帖》（一名《東坡蘇公帖》）（圖 5-8）中，今將兩者相對照。

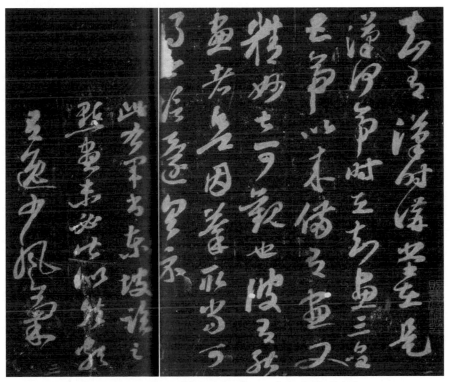

圖 5-8：北宋・蘇軾臨王羲之〈漢時講堂帖〉

取自中國法帖全集編輯委員會編：《中國法帖全集 6・東坡蘇公帖》（武漢：湖北美術出版社，2002 年 3 月，頁 150～151。

〔註79〕董仁惠主編：《顏眞卿書東方朔畫贊碑東方先生墓碑》（青島：青島海洋大學出版社，1990 年 8 月）是否依據原寸印刷，該書未述，據黃宗義《顏眞卿書法研究》：「側厚二十一公分。」（頁 90）書寫 3 行，則字寬約 7 公分（碑全拓圖在該書頁 202～203），依比例測量放大，則長約 7.8 公分，與董仁惠主編者大致符合，據此故云。

　　〈漢時講堂帖〉未刻入《淳化閣帖》中，故在此取以相對照的是《寶晉齋法帖》的版本，兩相對照，可以發現蘇軾的臨帖中略去了「此」字（第二行）、「不」字（第五行），卻增加了「還」字，且將王書的「告」字改作「示」字，而此兩字在帖子中卻不顯得突兀，與其他前後文融為一體。若就其各字之表現，則不免「左秀右枯」〔註80〕，蘇軾自家風格顯明，可知蘇軾臨寫王羲之法帖用了更多自己的意思去，而非依樣畫葫蘆，甚至可能是用自己所記憶的文句去書寫而成，而不是將字帖擺在旁邊，一個字一個字去對照著寫，否則怎麼會增衍「還」字呢？除此之外，蘇軾此帖還有留下跋語：「此右軍書，東坡臨之，點畫未必皆似，然頗有逸少風氣。」一如蘇軾以為顏真卿〈東方朔畫贊碑〉字字臨自王羲之書一般，蘇軾臨王羲之書的態度也是「遺貌取神」，這未嘗不是從顏真卿書〈東方朔畫贊碑〉而得到的啟示。若從整體風格來看，蘇軾的臨書顯得渾厚許多，這和本身的入門取法不無關係，可以說，蘇軾取法顏真卿、甚至是用顏真卿的筆法再詮釋了王羲之書。當然，蘇軾依然只取「逸少風氣」，而書寫的風格仍是蘇軾本人，而不是顏真卿或王羲之。

　　顏真卿的大字渾厚雄強，小字亦有王羲之俊秀之美，蘇軾的小字更能看出取法王羲之的影子，若比較顏真卿與蘇軾的取法，蘇軾更靠近王羲之，除前舉〈漢時講堂帖〉外，〈蘭亭敘〉是蘇軾心儀的王羲之書法之一，蘇軾有〈書摹本蘭亭後〉云：

> 「外寄」所託改作「因寄」；「於今」所欣改作「向之」；豈不「哀哉」改作「痛哉」；「良可悲」改作「悲夫」，「有感於斯」改作「斯文」，塗兩字、改六字、註四字。「曾」不知老之將至誤作「僧」；「已為陳跡」誤作「以」；亦「猶」今之視昔，誤作「由」；舊說此文字有重出者皆構別體，而「之」字最多，今此「之」字頗有同者。又嘗見一本，比此微加楷，疑此起草也，然放曠自得，不及此本遠矣。子由自河朔持歸，寶月大師惟簡請其本，令左綿僧意祖摹刻於石。〔註81〕

蘇軾注意到〈蘭亭〉塗抹的痕跡，而且羅列詳盡，這是精研〈蘭亭敘〉的具體表現。所舉塗抹諸例，今本馮承素摹本〈蘭亭敘〉歷歷可見，但蘇軾有云：

〔註80〕　宋・黃庭堅：《豫章黃先生文集》（上海：上海商務印書館，1965 年影印四庫叢刊初編縮印嘉興沈氏藏宋本）〈跋東坡書〉：「……或云：『東坡作戈，多成病筆，又腕著而筆臥，故左秀而右枯。』此又見其管中窺豹，不識大體。殊不知西施捧心而顰，雖其病處，乃自成妍。」（卷29，頁323。）
〔註81〕　宋・蘇軾：《東坡題跋》，卷4，頁108。

「曾不知老之將至誤作『僧』。」可知他所考察的版本並不是馮承素摹本，蓋因馮摹本並無「僧」字，「僧」字乃見於宋拓定武本，茲將蘇軾之意見參照「馮摹本」與「定武本」圖示製如表 5-3。

表 5-3：蘇軾〈書摹本蘭亭後〉所述〈蘭亭敍〉諸例馮摹本與定武宋拓本對照表

蘇軾意見	「外寄」所託改作「因寄」	「於今」所欣改作「向之」	豈不「哀哉」改作「痛哉」	「良可悲」改作「悲夫」	「有感於斯」改作「斯文」	「曾」不知老之將至誤作「僧」
馮摹本〔註82〕						
定武宋拓本〔註83〕						

　　從引文「令左綿僧意祖摹刻於石」之句推求，蘇軾所見的是墨跡本，所以能將修改的字一一指出，這在定武刻石中已經不容易辨識，如「『於今』所欣改作『向之』」、「豈不『哀哉』」改作『痛哉』」僅見字畫有所增益，卻難矣

〔註82〕　取自江吟主編：《王羲之書法全集一》，頁 56～61。
〔註83〕　取自江吟主編：《王羲之書法全集一》，頁 76～79。

見出原字字形，這是石刻本的侷限所在；又「『良可悲』改作『悲夫』」顯示蘇軾所見的墨跡本「夫」字已經不見「也」的字形，〔註84〕而「有感於斯作」原作「有感於斯文」，在馮摹本中清晰可見，卻未被蘇軾察覺，因此蘇軾的判斷不可用馮摹本否定，蘇軾所見應是另一摹本。

　　蘇軾對於〈蘭亭敘〉確實有一番功夫，不僅於考證而已，可以從其書跡中考察出，所書〈治平帖〉可爲一例，劉正成指出：

> 從形質到意蘊，〈治平帖〉都更近於〈蘭亭敘〉。蘇軾存世題跋中，
> 數論〈蘭亭〉，可以說從技法到意境皆入其三昧。〔註85〕

劉正成以爲〈治平帖〉在形質或意蘊上都近於〈蘭亭敘〉，確是知見，更以爲是「亦步亦趨的傑構」〔註86〕，然〈治平帖〉字數不多，且與〈蘭亭〉相同的字更少，爲便於對照，另取蘇軾〈淨因院文與可畫竹枯木記〉爲觀察對象，製如表5-4。在這個表中，可以看出蘇軾對於〈蘭亭敘〉是十分熟悉的，而他所精熟的版本與「定武蘭亭」較接近，而與「馮摹本」較遠，而蘇卻也絕非亦步亦趨的模仿，而是取其熟悉或適合的字形來使用，因爲部分相同字卻與〈蘭亭敘〉相差很大。

表5-4：蘇軾〈淨因院文與可畫竹枯木記〉與王羲之〈蘭亭敘〉比較表

蘇公帖〔註87〕	山	竹	雖	不	當	世	於
蘭亭馮摹本〔註88〕	山	竹	雖	不	當	世	於
定武蘭亭〔註89〕	山	竹	雖	不	當	世	於

〔註84〕「定武吳炳本」之「夫」字，缺少「也」字的豎彎鉤，可知蘇軾所見之本當非表中所列的「定武本」，然「定武吳炳本」卻更近楷書，表中所舉取「定武本」較爲飛動的板本。
〔註85〕劉正成《中國書法全集・33 蘇軾一・蘇軾書法評傳》，頁7。
〔註86〕劉正成《中國書法全集・33 蘇軾一・蘇軾書法評傳》，頁7。
〔註87〕取自中國法帖全集編輯委員會編：《中國法帖全集6・東坡蘇公帖》（武漢：湖北美術出版社，2002年3月，頁76～78。本表下同。
〔註88〕取自江吟主編：《王羲之書法全集一》，頁56～61。本表下同。
〔註89〕取自江吟主編：《王羲之書法全集一》，頁76～79。本表下同。

蘇公帖	紐	或	能	曲	盡	其	形
蘭亭馮摹本	世	或	能	曲	盡	其	形
定武蘭亭	世	或	能	曲	盡	其	形
蘇公帖	至	化	所	死	暢		
蘭亭馮摹本	至	化	所	死	暢		
定武蘭亭	至	化	所	死	暢		
蘇公帖	後	與	老	又			
蘭亭馮摹本	後	與	老	又			
定武蘭亭	後	與	老	又			

二、蘇軾闡發人與書之關係

　　蘇軾對〈蘭亭敍〉、〈漢時講堂帖〉等王羲之書法的理解與詮釋是以自己
為主體的，他所追求的是超越於字形的神韻。此外，他關心書法家的生平或
人格，不將作品獨立於作者之外。

　　蘇軾臨寫王羲之書，顯然不重筆法或字形，而心中自有超越規矩的意識
在焉，而所謂的「規矩」實是唐人所建立，如今卻成為宋人欲打破的牢籠。

蘇軾對書法的理解特別講究人與書的關係，不單單只看書跡的藝術表現，他在〈書唐氏六家書後〉有云：

> 古之論書者，兼論其平生，苟非其人，雖工不貴也。〔註90〕

其論唐氏六家，智永「精能之至，反造疏淡」、歐陽詢「其書險勁刻厲，正稱其貌耳」，論褚遂良則爲譖殺劉洎之事平反，論張旭則「作字簡遠，如晉宋人」，論柳公權則特舉心正則筆正之事，至於顏眞卿，則在〈題魯公帖〉中謂：「吾觀顏魯公書，未嘗不想見其風采，非徒得其爲人而已，凜乎若見其詆盧杞而叱希烈。」〔註91〕故蘇軾對王羲之亦有「想見其爲人」之想，曾題王羲之書帖云：

> 逸少爲王述所困，自誓去官，超然於事務之外，嘗自言，吾當卒以樂死，然欲一游岷嶺，勤勤如此而至死不果。乃知山水遊放之樂，自是人生難必之事，況於市朝眷戀之徒而出山林獨往之言，固已疎矣。〔註92〕

王羲之在其尺牘中曾透露對於岷嶺遊覽的想望，卻一直到死都未能如願，蘇軾據此闡釋其曠達的人生哲理，即「超然於事物之外」，蘇軾一生官場蹭蹬，「超然於事物之外」乃其超脫之法門之一，他的取法不只來自莊子，更有王羲之典型在焉。蘇軾受莊子影響頗深，「忘形」爲其論書旨趣之一端，曾題〈筆陣圖〉云：

> 筆墨之迹託於有形，有形則有弊，苟不至於無而自樂一時，聊寓其心，忘憂晚歲，則猶賢於博奕也。雖然，不假外物而有守於內者，聖賢之高致也，惟顏子得之。〔註93〕

一直以來，〈筆陣圖〉是否爲王羲之老師衛夫人所作，雖然王羲之亦有〈題〈筆陣圖〉後〉之作，但眞僞難辨。蘇軾不在眞僞上作文章，乃超越於此，從哲理上辨析，理由是〈筆陣圖〉不論是眞是僞，均是有形之物，有形之物再怎麼逼眞，都是有侷限的，在莊子學說中是必須超越、並非終極的，蘇軾對書法的態度是一種「遊」的超脫心理，且藉以爲消遣忘憂的工具，因此，「形」不是重點，〈和子由論書〉云：

〔註90〕 宋・蘇軾：《東坡題跋》，卷4，頁128。
〔註91〕 宋・蘇軾：《東坡題跋》，卷4，頁112。
〔註92〕 宋・蘇軾：《東坡題跋》，卷4，頁108。
〔註93〕 宋・蘇軾：《東坡題跋》，卷4，頁108。

> 吾雖不善書，曉書莫如我。苟能通其意，常謂不學可。貌妍容有矉，
>
> 璧美何妨橢。〔註94〕

此由上述多種對照圖表可見，形似也罷、形不似也不要緊，甚至臨帖寫成別字也不是什麼嚴重的事，最重要的是「通其意」，甚至不學也可以。

蘇軾在北宋諸家中是較早、成就較高的一位，他的路徑是由顏真卿上溯王羲之，他以顏真卿為最高典範，著意於「變」，對於王羲之的理解可說是顏真卿的重要源頭，他不重形似、講究「通其意」的詮釋是宋人尚意書風的前行者。

第三節　黃庭堅變王書自成一家

一、學書背景與對書法時風的批評

黃庭堅的書法學習道路有一曲折過程，自云：

> 余學草書三十餘年，初以周越為師，故二十年抖擻俗氣不脫。〔註95〕

此是黃庭堅極深之感觸，周越（生卒不詳）「當天聖、慶曆間以書顯，學者翕然宗尚之。」〔註96〕其風格乃如米芾云：「如輕薄少年舞劍，氣勢雄健，而鋒刃交加。」〔註97〕（圖5-9）可見北宋初期流行的書風有以露鋒優美為主者，以「巧」見長，而黃庭堅對「巧」有所覺悟，提出「書畫以韻為主」〔註98〕的主張，而且應尚拙輕巧：

> 凡書要拙多於巧，近世少年作字，如新歸子粧梳，百種點綴，終無烈婦態也。〔註99〕

以為寫字拙應多於巧，對於近時少年學書者之求巧多飾，深不以為然；黃庭堅不止一次對於時風或年輕學書者提出批判，又〈跋蘭亭記〉云：

> 今時論書者，憎肥而喜瘦，黨同而妬異，曾未曾夢見右軍腳汗氣，
>
> 豈可言用筆法耶？〔註100〕

〔註94〕楊家駱主編：《蘇東坡全集·前集》（臺北：世界書局，1996年2月），卷1，頁6。

〔註95〕宋·黃庭堅：《山谷題跋》，卷7，頁251。

〔註96〕馬宗霍：《書林藻鑑》，頁197。

〔註97〕馬宗霍：《書林藻鑑》，頁197。

〔註98〕宋·黃庭堅：《山谷集·別集》（北京：線裝書局，2004年宋集珍本叢刊），卷6，「題北齊校書圖後」，頁157。

〔註99〕宋·黃庭堅：《山谷題跋》，卷7，頁252。

〔註100〕宋·黃庭堅：《山谷集·別集》，卷6，頁157。

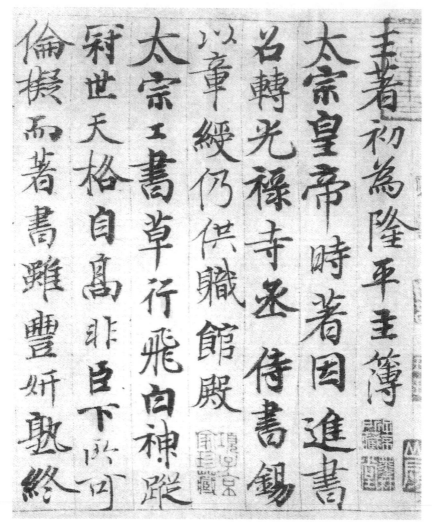

圖 5-9：北宋·周越〈王著〈草書千字文〉跋〉局部
取自《書法叢刊》2001 年第 4 期（總第 68 期），頁 6。

可見當時的書法風氣「憎肥而喜瘦，黨同而妒異」，是一片周越般的秀麗景象，因為王羲之的書風以優美見長，一貫的幽雅氣質是學書者常常夢想學得的，然而此種書風若一味追求外在的亮麗，則不免墮入虛靡柔弱，周越可為典型，一如米芾所說的「輕薄少年」，雖然能一時風靡，但時風一過，便不為人重，孔武仲活動於嘉祐、元祐年間，已云：「越書近世不甚貴重」〔註101〕，可見當時對於壯美書風的呼喚，黃庭堅又批評時人作書云：

〔註101〕馬宗霍：《書林藻鑑》，頁197。

> 作字尚華藻而筆不實，以風檣陳馬爲痛快，以插花舞女爲姿媚，殊
> 不知古人用筆也。〔註102〕

再次說出時風的淺薄，崇尚外表的華麗而筆法不實，「風檣陣馬」表達出橫豎交錯的痛快表象，而「插花舞女」則是綺靡有餘而失之小器，二者之病，在黃庭堅看來，都是不知用筆所致。黃庭堅又云：

> 心能轉腕，手能轉筆，書字便如人意。古人工書無它異，但能用筆耳。〔註103〕

可以說，「用筆」是黃庭堅書法理論的核心。

二、對王羲之筆法的理解與詮釋

　　黃庭堅對於用筆法的討論，是以二王筆法爲終極目標，前引所述「王羲之腳汗氣」已略可窺之，黃又云：

> 余嘗論近世三家書云：王著如小僧縛律；李建中如講僧參禪；楊凝式如散僧入聖。當以右軍父子書爲標準。〔註104〕

王羲之與王獻之乃是黃庭堅評書的標竿，此是張懷瓘等人之路數，所不同者，王獻之已經與王羲之平等成爲評書之準。黃又云：

> 余嘗論右軍父子以來，筆法超逸絕塵爲顏魯公、楊少師二人，立論者十餘年，聞者瞠若，晚識子瞻，獨謂爲然。〔註105〕

可見二王乃是黃庭堅的胸中典範，能紹繼二王的僅顏眞卿與楊凝式兩人，他不止一次如此立論，又如：

> 余嘗論右軍父子翰墨中逸氣，破壞於歐、虞、褚、薛；及徐浩、沈傳師，幾於掃地。唯顏尚書、楊少師尚有彷彿。〔註106〕

歐陽詢、虞世南、褚遂良、薛稷可稱爲「初唐四家」，徐浩、沈傳師則是盛唐名家，然則在黃庭堅眼中，他們的書法表現都破壞了右軍父子的逸氣，從書法的規範或客觀性而言，黃庭堅所數落的名家都是楷書的佼佼者，擔負起楷書規範寫的典範，顯得規矩嚴重，逸氣相對較少，因此招致黃庭堅

〔註102〕　宋・黃庭堅：《山谷題跋》，卷7，頁248。
〔註103〕　宋・黃庭堅：《豫章黃先生文集》，〈題絳本法帖〉，卷28，頁313。
〔註104〕　宋・黃庭堅：《山谷題跋》，〈跋法帖〉，卷4，頁218。
〔註105〕　宋・黃庭堅：《山谷題跋》，〈跋東坡書〉，卷5，頁228。
〔註106〕　宋・黃庭堅：《山谷題跋》，〈跋東坡帖後〉，卷5，頁229。

的責難。顏眞卿與楊凝式則有更多的個人特色，除此二人之外，黃庭堅曾
云：

> 張長史折釵股；顏太師屋漏法；王右軍錐畫沙、印印泥；懷素飛鳥
> 入林、驚蛇入草、索靖銀鈎蠆尾，同是一筆心不知手，手不知心法
> 耳。〔註107〕

黃庭堅歷數前輩對於筆法的形象描繪，領悟出「心不知手，手不知心」的結
論，亦即不斤斤計較於書法本身的形象，應當融入其中，與翰墨爲一，方可
獲致心手兩忘的境界，黃庭堅果然是妙契其道，《山谷題跋・跋唐道人編余草
稿》載：

> 山谷在黔中，字多隨意曲折，意到筆不到，及來僰道舟中，觀長年
> 盪槳，羣丁撥棹，乃覺少進，意之所到，輒能用筆。〔註108〕

黃庭堅觀察船夫划船的情形，意有所會，因而領悟到用筆，創造出一己奇險
萬變的風格。「創造自身的風格」是黃庭堅極意追求的，曾云：

> 晁美叔嘗背議予書唯有韻耳，至於右軍波戈點畫一筆無也。有附予
> 者傳若言於陳留，余笑之曰：「若美叔書即與右軍合者，優孟抵掌談
> 說迺是孫叔敖也？」往嘗有邱敬和者摹放右軍書，筆意亦潤澤，但
> 爲繩墨所縛，不得左右。予嘗贈之詩，中有句云：「字身藏穎秀勁清，
> 問誰學之果〈蘭亭〉。大字無過〈瘞鶴銘〉，……隨人作計終後人，
> 自成一家始逼眞。」不知美叔嘗聞此論乎？〔註109〕

可見山谷對於「自成一家」的重視，先舉晁美叔書法爲例，以爲學習王羲之
學得十分相似並非書家的目的，認爲這般僅是像楚國時的優孟，穿著孫叔敖
的衣冠，不論如何不是孫叔敖，因爲畢竟裡外不一致，豈能得眞？又舉丘敬
和模仿王羲之爲例，即使筆意潤澤，頗有可觀處，然而卻是受制於規矩，不
能揮灑自如。由此可知，黃庭堅主張「自成一家始逼眞」的論點：一方面是人
各有自身的本眞，此本眞乃是人各不同的；另一方面是須跳脫於規矩之外。此
兩者可謂一體兩面，對於主體意識的高抬是不言可喻的，與唐人大不相同矣。

唐太宗朝時廣蒐王羲之書跡，〈蘭亭敘〉更是透過摹本流傳出官府，甚至
到北宋期已經化身千萬，爲士大夫家必藏之帖。是以前述〈論作字〉一文中

〔註107〕宋・黃庭堅：《豫章黃先生文集》（上海：上海商務印書館，1965年影印四庫
　　　　叢刊初編縮印嘉興沈氏藏宋本），〈論黔州時字〉，卷29，頁329。
〔註108〕宋・黃庭堅：《山谷題跋》，卷9，頁277。
〔註109〕宋・黃庭堅：《山谷集・別集》，〈論作字〉，卷11，頁203～204。

提及「問誰學之果〈蘭亭〉？」已見〈蘭亭敘〉在宋代的普及性與標準性，
而王羲之之優勢不單在此，亦在法帖之中，黃庭堅〈題絳本法帖〉云：

> 右軍筆法如孟子言性、莊周談自然，從說橫說，無不如意，非復可
> 以常理待之。〔註110〕

王羲之用筆法被視爲書法中最重要的典範乃是無可置疑。王羲之筆法是不
可以常理對待的，因爲他的筆法不論如何總是合轍，可以說他就是標準，
又說：

> 余嘗評書，字中有筆如禪家句中有眼；至如右軍書，如《涅槃經》
> 說「伊」字具三眼也。此事要須人自體會得，不可見立論便興諍也。
> 〔註111〕

黃庭堅「以禪論書」爲其一大論書特色，〔註112〕黃庭堅以爲「筆法」正是書
法的核心正如禪家所講究的「句中有眼」一般，而王羲之書更是究竟圓滿，
爲最終境界，〔註113〕卻須各自體會，難以言傳。

三、對王羲之書法（〈蘭亭敘〉）的悟入

在「自成一家始逼眞」的指導原則之下，黃庭堅以「舟人盪槳」冥契筆
法，然則黃並非一味造弄虛玄，不但對自己的書學歷程有明確的述說，對於
書法的學習過程與方法也有明確的敘述，指出：

> 學書欲先知用筆之法，欲雙鉤回腕，掌虛指實，以無名指倚筆則有
> 力。古人學書不盡摹，張古人書於書壁間，觀之入神，則下筆時筆
> 隨人意。大抵書字欲如人有精神，細觀之則步伍接中度耳。〔註114〕

主張學書應先知用筆之法，而黃庭堅的用筆是採「雙鉤回腕」的特殊握執筆
法，而需注意的是，黃庭堅主張「學書不盡摹」，強調觀帖的重要性，從觀察
中領悟筆法，因爲臨摹的重點在於形，入神則需透過觀察細看：

〔註110〕宋・黃庭堅：《豫章黃先生文集》，卷28，頁313。
〔註111〕宋・黃庭堅：《豫章黃先生文集》，〈題絳本法帖〉，卷28，頁313。
〔註112〕王鎮遠：《中國書法理論史》（合肥：黃山書社，1996年11月）以「黃庭堅
　　　　的以禪論書」爲題論述黃庭堅的書論，內容包括「論悟」、「字中有筆與得妙
　　　　於心」、「論韻勝」、「以禪喻書」四個面向，可參，知黃庭堅確實具以禪論書
　　　　之特色。（頁236～247）
〔註113〕說詳陳志平：《黃庭堅書學研究》（北京：中華書局，2006年10月），頁62～63。
〔註114〕宋・黃庭堅：《山谷集・別集》，卷6。

學書時時臨模可得形似，大要多取古書細看，令入神，乃到妙處，

唯用心不雜，乃是入神要路。〔註115〕

觀察仔細，用心不雜方是入神要路，與前述〈論作字〉的論述相近者又見於
〈跋與張載熙書卷尾〉，還指出：

學字既成，且養於心中無俗氣，然後可以作，示人爲楷式。凡作字

須熟觀魏晉人書，會之於心，自得古人筆法也。〔註116〕）

此指出心中不可有俗氣，黃庭堅以爲「俗便不可醫」〔註117〕，「俗」是作字大
忌諱，而學習古人筆法，重點在熟觀古人書，不在臨摹。

在王羲之書法中，〈蘭亭敘〉是對黃庭堅最具影響力的法帖之一，黃云：

〈蘭亭敘草〉王右軍平生得意書也，反復觀之，略無一字一筆不可人

意。摹寫或失之肥瘦，亦自成妍。要各存之，以心會其妙處爾。〔註118〕

黃庭堅認爲〈蘭亭敘〉是王羲之生平得意的之作之一，每一字、每一筆畫都
令人喜愛，雖其真跡已入昭陵，然世傳眾多摹本，在黃庭堅眼中各有妙趣，
傳達出肥瘦不同的美感，此論與歐陽脩相近似。〔註119〕黃庭堅又云：

〈蘭亭〉雖是真、行書之宗，然不必一筆一畫以爲準，譬如周公、

孔子不能無小過，過而不害其聰明睿聖，所以爲聖人。不善學者即

聖人之過處而學之，故蔽於一曲，今世學〈蘭亭〉者多此也。魯之

閉門者曰：「吾將以吾之不可學柳下惠之可。」可以學書矣。〔註120〕

黃庭堅的學書主張是不限於臨摹的，應當以「自成一家」爲其目標，雖然〈蘭亭
敘〉是楷書、行書的典範，但學者卻不必亦步亦趨，因爲其中包含著若干不完美
以成其完美，就像周公、孔子不能無過，但不害其爲聖人一般，一個善於學習的

〔註115〕 宋·黃庭堅：《豫章黃先生文集》，卷29，頁328。
〔註116〕 宋·黃庭堅：《豫章黃先生文集》，卷29，頁328。
〔註117〕 黃庭堅曾云：「學書要須胸中有道義，又廣之以聖哲之學，書乃可貴，若其靈
府無程政，使筆墨不減元常、逸少，只是俗人耳。余嘗爲少年言：『士大夫處
世可以百爲，唯不可俗，俗便不可醫也。』」（宋·黃庭堅：《豫章黃先生文集》，
卷29，〈書繒卷後〉，卷326。）據此故云。
〔註118〕 宋·黃庭堅：《豫章黃先生文集·又跋蘭亭》，卷28，頁310。
〔註119〕 宋·歐陽脩：《歐陽脩全集·集古錄跋尾》「晉蘭亭修禊序」條：「右〈蘭亭修
禊序〉。世所傳本尤多，而皆不同，蓋唐數家所臨也，其轉相傳模，失真彌遠，
然時時猶有可喜處，豈其筆法或得其一二邪？想其真蹟，宜如何也哉？」（卷
4，頁 1138）指出世多摹本，起於唐代數家臨摹之不同而轉相傳摹，或各得
〈蘭亭敘〉筆法之一二，黃庭堅此說近之。據此故云。
〔註120〕 宋·黃庭堅：《豫章黃先生文集·又跋蘭亭》，卷28，頁310。

人應有所主張，要像魯之閉門者一般，〔註121〕作個善學者，不然就學不到眞正的〈蘭亭敍〉精髓，這是黃庭堅觀察世人學〈蘭亭敍〉的結果，曾云：

> 王氏書法以爲如雖（錐）畫沙、如印印泥，蓋言「鋒藏筆中」、「意在筆前」耳。承學之人，更用〈蘭亭〉「永」字以開字中眼目，能使學家多拘忌，一種俗氣，要之右軍二言，羣言之長也。〔註122〕

此見唐宋間「永字八法」的傳布，而黃庭堅直言此法係依〈蘭亭敍〉首字「永」字而來；「錐畫沙」、「印印泥」兩詞具見於〈顏眞卿述張長史筆法十二意〉〔註123〕，並非王羲之所說，是以本段文字末「右軍二言，群言之長」並非此二句，而是「鋒藏筆中」、「意在筆前」，此二句見於唐宋之際流傳很廣的〈筆陣圖〉中〔註124〕，「意在筆前」較無爭論，而「鋒藏筆中」則有較多的歧解，從黃庭堅的具體實踐中，可知就是將入筆的鋒尖藏起來，他使用迴轉執筆法的能很自然的表現，此可由其書作中〈松風閣詩卷〉窺見（圖 5-10），而「回腕執筆法」已經對前人有極大的突破，而更爲關鍵的是應是對〈瘞鶴銘〉（圖 5-11）的學習。

〔註121〕 東漢・鄭玄箋：《毛詩鄭箋・小雅・巷伯》：「昔者，顏叔子獨處于室，鄰之釐婦又獨處于室。夜，暴風雨至而室壞，婦人趨而至，顏叔子納之，而使執燭，放乎旦而蒸盡，搎屋而繼之。自以爲辟嫌之，不審矣。若其審者，宜若魯人然。魯人有男子獨處于室，鄰之釐婦又獨處于室。夜，暴風雨至而室壞，婦人趨而託之，男子閉戶而不納，婦人自牖與之言曰：『何爲不納我乎？』男子曰：『吾聞之也』：「男子不六十不間居。」今子幼，吾亦幼，不可以納子。』婦人曰：『子何不若柳下惠然？嫗不逮門之女，國人不稱其亂。』男子曰：『柳下惠固可，吾固不可；吾將以吾不可學柳下惠之可。』孔子曰：『欲學柳下惠者未有似於是也。』」（臺北：新興書局有限公司，1991 年 10 月影印校相臺岳氏本，卷 12，頁 84）據文獻所載：先是，獨處一室之顏叔子因暴風雨之夜，而接納也是獨處一室的鄰居婦人，使其執燭以避嫌。而論者卻以爲不審，不如魯男子之將婦人摒於門外，雖婦人以柳下惠爲例請求入室，然魯男子以爲兩者背景不同，所以不願接納婦人入室之請求，堅決拒絕了婦人。孔子讚美魯男子「以吾不可學柳下惠之可」是柳下惠最佳的學習者，黃庭堅以此比喻學書者應當知變通，不可徒學形式。

〔註122〕 宋・黃庭堅：《豫章黃先生文集・題絳本法帖》，卷 28，頁 313。

〔註123〕 唐・韋續：《墨藪》（上海：上海古籍出版社，1991 年 8 月四庫藝術叢書影印文淵閣四庫全書本），卷 2，頁 401。

〔註124〕 唐・韋續：《墨藪・王逸少筆勢論》載：「須存筋藏鋒，滅跡隱端，用尖筆須落鋒混成，無使毫露浮怯。……令意在筆前，字居心後，未作之始，結思成矣。」（卷 2，頁 404。）相近的內容又見於宋・朱長文《墨池編》題爲〈晉王羲之書論四篇〉（上海：上海古籍出版社，1991 年 8 月，四庫藝術叢書影印文淵閣四庫全書本，卷 1，頁 623）；宋・陳思：《書苑菁華》（北京：北京圖書館出版社，2003 年 10 月，影印翠琅玕館叢書本）題爲〈王羲之筆陣圖〉（卷 1，頁 49）。

圖 5-10：北宋·黃庭堅〈松風閣詩卷〉局部

取自宋·黃庭堅，《黃庭堅集》（東京：二玄社，1989 年），頁 13。

圖 5-11：〈瘞鶴銘〉局部

取自小川環樹等撰、于還素譯，《書道全集·第五卷南北朝Ⅰ》，臺北：大陸書店，1989 年，頁 23。

四、取徑〈瘞鶴銘〉形成王羲之書法的新詮釋

黃庭堅雖然有具體的筆法學習路徑，然而其學習的目的並非形似，而在「自成一家」，他雖然也有考據，但是興趣不十分濃烈，往往以其過人的眼力發超乎常人的議論，他重視的是悟入，不在表相上打轉；他重視自我本真的發揮、不喜受限於規矩，這在對〈瘞鶴銘〉的研習意見中展露無遺。

前述所謂「右軍二言」（「鋒藏筆中」、「意在筆前」），經後人的考證是存疑的，亦即並非確屬王羲之之論，但是，黃庭堅對此大有心得，遂認定為「群

言之長」，非王羲之莫屬，已將王羲之爲典範符號化，亦即任何精妙無比的書法作品或言論，若沒有署名但卻價值高尙的，可能就被黃庭堅認定出自王羲之之手。除上述「右軍二言」之外，〈瘞鶴銘〉是另一個明顯的例子。黃庭堅云：

> 右軍嘗戲爲龍爪書，今不復見，余觀〈瘞鶴銘〉，勢若飛動，豈其遺法邪！歐陽公以魯公書〈宋文貞碑〉得〈瘞鶴銘〉法，詳觀其用筆意，審如公說。〔註125〕

王羲之作「龍爪書」載於唐人韋續的〈五十六種書並序〉：「四十八、龍爪書，晉王右軍所作，形如龍爪也。」〔註126〕取其形如龍爪而得名，而黃庭堅卻以「勢若飛動」詮釋，其果如何？黃庭堅也未曾見過，故以爲〈瘞鶴銘〉具有王羲之的龍爪書的遺法純是主觀的想像；其次，對歐陽脩以爲顏眞卿的〈宋璟碑〉得〈瘞鶴銘〉之筆法深表贊同，而其實歐陽脩並不認爲〈瘞鶴銘〉出自王羲之手，〔註127〕但黃庭堅認定爲王書，〈瘞鶴銘〉因此得以成爲嫁接王羲之與顏眞卿的橋樑。黃庭堅又云：

> 頃見京口斷崖中〈瘞鶴銘〉大字，右軍書，其勝處乃不可名貌。……若〈瘞鶴碑〉斷爲右軍書，端使人不疑。如歐、薛、顏、柳數公書最爲端勁，然纔得〈瘞鶴銘〉髣髴爾，唯魯公〈宋開府碑〉瘦健清拔，在四五間。〔註128〕

前段引文宣稱〈瘞鶴銘〉得王羲之龍爪書遺法，此又稱「斷爲右軍書，端使人不疑。」顯示黃庭堅知道〈瘞鶴銘〉的作者是具有爭議性的，但因黃庭堅主觀的欣賞、醉心於〈瘞鶴銘〉之精妙，認爲「其勝處乃不可名貌。」乃斷爲右軍書，認定非王羲之不能有此作，歐陽詢、薛稷、顏眞卿、柳公權等以端勁出眾的書法都僅得〈瘞鶴銘〉的一部份，僅顏眞卿的〈宋璟碑〉則能得到約一半的神韻，最爲出色。從上述論書中可知王羲之→〈瘞鶴銘〉→顏眞卿（〈宋璟碑〉）→黃庭堅成了一個筆法系統，而此系統中的關鍵，就是〈瘞鶴銘〉，因爲黃庭堅發現它兼具兩者的特色，而且又具有作者不明

〔註125〕宋・黃庭堅：《豫章黃先生文集・題瘞鶴銘後》，卷28，頁310。

〔註126〕唐・韋續：《墨藪》，卷1，頁379。

〔註127〕宋・歐陽脩：《歐陽脩全集・集古錄跋尾》云：「《潤州圖經》以爲王羲之書，守亦奇特，然不類義之筆法而類顏魯公，不知何人書也。『華陽眞逸』是顧況道號，今不敢遂以爲況者，碑無年月，不知何時，疑前後有人同斯號者也。」（卷10，頁1208。）反對作者爲王羲之，推測爲唐人顧況。據此故云。

〔註128〕宋・黃庭堅：《豫章黃先生文集》，卷28，「書遺教經後」，頁315。

的神仙神秘感〔註 129〕，因此，〈瘞鶴銘〉也成了黃庭堅突破顏真卿與王羲
之而自成一家的關捩。

〈瘞鶴銘〉是王羲之與顏真卿嫁接的橋樑，除了表現在筆法上，還表現
在字體的大小上，因謹守山陰棐几者，僅能作小字，王羲之書法中也欠缺大
字典範，唐代對大字的突破者主要者為顏真卿，但顏真卿以篆籀筆意入楷法
之中，已經與王羲之筆法有本質上的區別，黃庭堅在北宋從顏真卿回歸王羲
之的道路之中即以〈瘞鶴銘〉為南針，曾云：

> 予嘗戲為人評書，云：小字莫作瘕凍蠅，〈樂毅論〉勝〈遺教經〉；
> 大字無過〈瘞鶴銘〉。〔註 130〕

此中以小字與大字對比，黃庭堅很清楚的知道兩者的不同，在取法上也應不
同：小字取法〈樂毅論〉、大字則取法〈瘞鶴銘〉。又說：

> 〈瘞鶴銘〉，大字之祖也。〔註 131〕

〈瘞鶴銘〉是摩崖書，前引黃庭堅所謂的「京口斷崖」是也。〔註 132〕這應是
中國書法史上首次取法摩崖之例，摩崖書寬博宏大，以氣勢見長，此作在黃
庭堅的大字書法創作中佔有關鍵的地位。〈瘞鶴銘〉單字大小約在 11 公分左右
見方，〔註 133〕較之顏真卿〈宋璟碑〉之 7.5 公分左右〔註 134〕更形開闊，無怪

〔註 129〕 一直到 2001 年，大陸還進行打撈，企圖還原〈瘞鶴銘〉的真實面目，結果得
到「欲」字右邊的「欠」與「無」字。說見鎮江博物館、焦山碑刻博物館：〈鎮
江焦山〈瘞鶴銘〉碑刻發掘簡報〉（《東南文化》2001 年第 11 期，總第 151 期），
頁 48。（全文：頁 44～48）雖然成果有限，然則可以預期，時代愈晚，真相愈
模糊，而真相卻也愈來愈其次。中國書法史上，凡開創筆法的新系統，大多與
神仙傳說難脫關係，「筆法神授」極為其代表，蔡邕、張旭都有相關傳說；另
一方面，〈瘞鶴銘〉的文字內容也富有神仙色彩，「鶴」本身就是仙家代表。

〔註 130〕 宋‧黃庭堅：《豫章黃先生文集》，卷 28，「題〈樂毅論〉後」，頁 311。

〔註 131〕 宋‧黃庭堅：《豫章黃先生文集》，卷 28，「跋翟公巽所藏石刻」，頁 318。

〔註 132〕 在今日江蘇省丹徒縣東方、長江中一座小島的巖崖（焦山）上，〈瘞鶴銘〉被
雷擊中，散落江中，清代陳鵬年打撈築亭保護，近況圖片可參見《墨》スペ
シャル第 14 號，《中國碑刻紀行》，1993 年 1 月（編輯圖片），頁 78。

〔註 133〕 此係測量縮小拓片再依比例放大之結果，以佚名：《書跡名品叢刊（合訂本）
第七卷‧瘞鶴銘》（東京：二玄社，2001 年 1 月）「下仙家」三字（頁 241。）
為測量對象，拓片部分縱 27.8 公分，寬 12.8 公分，而該書係依原寸縮小 86
％印製而成（見該書頁 228，右下角文字說明），依三字平均分配，27.8÷0.86
÷3＝10.775……≒11，據此故云，檢〈瘞鶴銘〉中文字，大小有極大差異，
故此僅為概數，難以一概而論。

〔註 134〕 〈宋璟碑〉字之大小依黃宗義：《顏真卿書法研究》（臺北：蕙風堂筆墨有限
公司出版部，1993 年 4 月）載「碑高三九零公分……行五十二字」（頁 99），
則 390÷52＝7.5，據此故云。

乎黃庭堅之大字書寫別具一格。而事實上，黃庭堅的大字卻是承繼乃師而進一步發揮：

> 蘇軾云：「大字難於結密而無間，小字難於寬綽而有餘。」此確論也，余嘗申之曰：「結密而無間〈瘞鶴銘〉近之，寬綽而有餘〈蘭亭〉近之。」〔註135〕

其師蘇軾云：「大字難於結密而無間，小字難於寬綽而有餘。」〔註136〕黃庭堅則進一步具體的指出範本，可見北宋初期對於大小字需求的呼喚，這未嘗不是崇尚意趣表現的驅使使然，因為筆墨的使轉需有相當的空間成為其舞台，這又使書法的表現幅度大大的擴張。

第四節　米芾對王羲之書法的新詮釋

　　北宋尚意書風中的三大家書法表現，蘇軾從顏真卿書跡中見到王羲之書法，已經將書法重新導入王羲之之列，黃庭堅加入〈瘞鶴銘〉元素，尚意書風表達了書家的情意，也使書跡變大，而此兩者不但不衝突，甚至可以說還相輔相成。

　　米芾是北宋三大家中較為晚出的，卻是書學博士，其取徑以及對王羲之書法的理解與詮釋不同於蘇、黃，頗有可觀之處。

一、對魏晉平淡的追求

　　米芾對於書法的追求，以「平淡天眞」為其最終關懷。〔註137〕在理解其「平淡天眞」之前，先對米芾的書法學習之路作一番瞭解，米芾在其〈自敘帖〉中有云：

> 余初學顏，七八歲也，字至大一幅，寫簡不成。見柳而慕緊結，乃學柳（自註：金剛經）；久之，知出於歐，乃學歐；久之，如印板排算，乃慕褚而學最久；又慕段季轉摺肥美，八面皆全；久之，覺段全繹展〈蘭亭〉，遂并看法帖，入晉魏平淡。〔註138〕

〔註135〕宋・黃庭堅：《山谷題跋》，卷9，「書王周彥東坡帖」，頁276。

〔註136〕宋・蘇軾：《東坡題跋》，卷4，頁122。

〔註137〕中田勇次郎認為米芾徹底把握了晉人瀟灑逸脫的本質核心，以「平淡天眞」一語概括，頗為中的，說見（日）中田勇次郎：《中田勇次郎著作集・第三卷・米芾の書論・米芾の平淡天眞論》（東京：株式會社二玄社，1984年12月），頁396。

〔註138〕見於《群玉堂帖》卷8，此據劉正成主編：《中國書法全集・37 米芾一》（北京：榮寶齋，1992年3月）影印東京國立博物館藏本（頁275〜278）。劉正

米芾的書法之路從顏眞卿入手，先後又學了柳公權〈金剛經〉、歐陽詢書、褚遂良書、段季展〔註139〕書，後來發現段季展都是從王羲之〈蘭亭敘〉中來，於是便研究〈蘭亭敘〉及《淳化閣帖》，而入晉魏的「平淡」境界，此「平淡」境界乃是米芾對晉魏書風的深刻體會。

那應如何理解「平淡」呢？僅需將米芾對顏眞卿等唐人書的態度作一釐清即可洞然明白。對於顏字，不同於蘇軾從〈東方朔畫贊碑〉中找到王羲之的內涵，米芾對顏眞卿書頗爲不滿，有〈跋顏書〉云：

> 顏眞卿學褚遂良既成，自以挑踢名家，作用太多，無平淡天成之趣。……大抵顏柳挑踢，爲後世醜怪惡札之祖，從此古法蕩無遺矣。
> 〔註140〕

米芾以爲顏眞卿的「挑」、「踢」的富有特色的筆法太過做作，不夠自然，因此和柳公權同爲後世醜怪惡札的始祖，這種批評十分嚴厲，他著重於書法的表現，不論顏眞卿之正氣，所謂的「挑踢」乃是筆法上的特殊表現，可說是顏眞卿獨創，融合篆籀氣的結果，在顏眞卿晚期的楷書中最明顯，這卻正是米芾所厭惡的，因爲與其「平淡天成」相悖。米芾又說：

成主編：《中國書法全集・38 米芾二》（北京：榮寶齋，1992 年 3 月）之釋文有誤，於「余初學」下有「先寫壁」三字（頁 504）。此帖一名〈學書帖〉，中國法帖全集編輯委員會編：《中國法帖全集・7・宋群玉堂帖》（武漢：湖北美術出版社，2002 年 3 月）於「余初學」下亦有「先寫壁」三字（頁 185），似與此帖前段文字相混淆，甚可怪也，未見原拓，不敢妄斷，然考宋・米芾：《寶晉英光集》（臺北：藝文印書館，1966 年（未記月）百部叢書集成據涉聞梓舊本影印），「先寫壁」三字屬前一段文字，（卷 8，頁 4a～4b）文義較通，故以東京國立博物館者爲據。

〔註139〕清・沈曾植：《海日樓札叢》載：「《群玉堂帖》載米老書，自稱學段季，爲段季展也。季下脫一字。翁氏跋以段全緯當之，非是。季展所書有〈禹廟碑〉，見《集古錄》。《宣和書譜》稱戎昱書學段季展。蓋季展亦沈傳師之流。」（清・沈曾植著、錢仲聯編：《海日樓札叢（外一種）》，上海：上海古籍出版社，2009 年 3 月，卷 8，「段季展書」，頁 329～330。）又檢王闢之：《澠水燕談錄》：「唐劉忠州晏〈重脩禹廟碑〉，崔巨文，段季展書。劉，當世顯人，所記撰及書碑者，宜皆知名士，翃巨之文、季展之書有過人者，而其名不著於世，何也？景祐中，周膳部越爲三門發運判官，始以墨本傳京師。越書爲當時所重，以是季展書亦爲人所愛。其後，屯田左員外瑾慮其刑闕，搆宇以覆其碑，而模刻於他石，以廣其傳焉。季展書，刻石者少，有〈洛祠記〉、〈多心經〉，不著姓氏，驗其筆畫，亦季展書也。」（宋・王闢之：《澠水燕談錄》，北京：中華書局，1007 年 12 月，卷 7，頁 90。）則知沈說可信，而段季展所書之碑又不止〈禹廟碑〉而已。

〔註140〕宋・米芾：《寶晉英光集・補遺・文》，頁 5b。

顏魯公行字可教，眞便入俗品。〔註141〕

他認爲顏眞卿的行書還有華采，但楷書便入俗。顏眞卿之楷書所以會俗，除了用筆上的「挑踢」爲米芾所惡之外，其結構中有「展促之勢」，也喪失自然眞趣，米芾云：

> 小字展令大，大字促令小，是張顚教顏眞卿謬論。蓋字自有大小相稱。且如寫「太一之殿」，作四窠分，豈可將「一」字肥滿一窠以對「殿」字乎？，蓋自有相稱，大小不當展促也。余嘗書「天慶之觀」，「天」、「之」字皆四筆，「慶」、「觀」字多畫在下，各隨其相稱寫之，掛起氣勢自帶過，皆如大小一般，眞有飛動之勢。〔註142〕

楷書的書寫，如果將大字筆畫多的字寫小、寫細；將筆畫少的、小的字寫粗、寫肥、寫大，這是謬論，起於張旭傳給顏眞卿的〈述張長史筆法十二意〉〔註143〕，經前章分析，此是王羲之書法變革之關鍵，米芾對此嚴加批判，顯示了對於王羲之書法的重視，米芾舉具體實作的經驗來分析，以爲書寫「太一之殿」四字，不可能將「一」、「之」等筆畫少的字塡滿方格，自己曾書寫「天慶之觀」四字，隨著各自筆畫的多寡，自然分佈，不刻意屈伸，自然有氣勢足以彌補筆畫多寡的問題，而且具有飛動之勢。可見米芾對於自然眞趣的重視，顏眞卿將字塡滿方格的方式，遂被米芾指斥爲謬論，不獨顏眞卿，隋唐以來書法大家都被米芾數落：

> 歐怪褚妍不自持，猶能半蹈古人規。公權醜怪惡札祖，從茲古法蕩無遺。張顚與柳頗同罪，鼓吹俗子起亂離。懷素獨獠小解事，僅趨平淡如盲醫。可憐智永研空白，去本一步呈千嬈。已矣此生爲此困，有口能談手不隨。誰云心存乃筆到，天公自是秘精微。二王之前有高古，有志欲購無高貲。愍勉分貽薛紹彭，散金購取重跋題。〔註144〕

歷數隋唐代以來名家，顯示對唐代名家的不滿，其中雖有諸如對於懷素趨於平

〔註141〕宋・張邦基：《墨莊漫錄》（上海涵芬樓影印江安傅氏雙鑑樓藏明鈔本，四部叢刊三編子部，卷6，頁5b。

〔註142〕宋・張邦基：《墨莊漫錄》，卷6，頁3～4。

〔註143〕上海書畫出版社、華東師範大學古籍整理研究室編選點校：《歷代書法論文選》，頁279。此就楷書而言，若論整個書法史，則米芾認爲「展促之勢」起於隸書：「書至隸，大篆古法大壞矣。篆籀各隨字形大小，故百物之狀，活動圓備，各各自足。隸乃始有展促之勢，而三代法亡矣。」（宋・張邦基：《墨莊漫錄》，卷6，頁4。）

〔註144〕宋・米芾：《寶晉英光集》，卷3，〈自漣漪寄薛郎中紹彭〉，頁1b。

淡、智永去本一步的稍稍讚賞，但只不過是五十與百步之差罷了。由此亦可見米芾「卑唐尊晉」的審美旨趣。米芾又闡述了書法創作的不可重複性，云：

> 夫金玉爲器，毀之則再作。何代無工字？□使其身在，再寫則未必復工，蓋天眞自然不可預想。想字形大小，不爲篤論，人人若同，此中妙，懷素自言初不知，却是造妙語，既再作不可復得，拓而藏諸，何陋之有？〔註145〕

米芾從歷史的長流立論，認爲江山代有人出，可感受到米芾並非盲目的復古人士，那些前代的工書人，就算仍然在世，也未必能寫出相同的傑作，因爲「天眞自然」是不可以預想的，預想的就不是上乘，這與王羲之醒後欲重書〈蘭亭敍〉而不可得互相呼應。既然作品不可預想、不可重複，那化身千萬的「拓本」便不能得到米芾的信任，甚至指出「石刻不可學」〔註146〕，這乃是其重要原因。復次，米芾強調用筆需靈活多變，故隋唐諸家都不是米芾心中的典範，曾言：

> 歐、虞、褚、柳、顏，皆一筆書也。安排費工，豈能垂世？〔註147〕

此中「一筆書」並非王獻之行草書的「一筆書」，而是僅用筆毛一面，而不能翻轉用其他面的單調用筆，唐代諸家著意於楷書，在字形結構上斤斤計較，到了失之毫釐，差之千里的境界，而在米芾眼中，這種百般鍛鍊卻成了一種拘謹、侷限，並不理想。對照其〈自敍帖〉可知，米芾所說的並非空話，而是自己親自體驗、一路走過來的。

顯然，米芾所追求的並不是嚴峻的法度，而是別有旨趣，是以字形的規範在米芾心中並不重要，有詩〈答紹彭書來論晉帖誤字〉云：

> 何必識難字，辛苦效揚雄。自古寫字人，用字或不通。要之皆一戲，不當問拙工。意足我自足，放筆一戲空。〔註148〕

米芾並不認爲寫字應當嚴格的規定字形，他認爲，古人書寫文字，用字不通的經常可見，所以斤斤計較於文字考釋的意義是不大的。

〔註145〕黃正雨、王心裁輯校：《米芾集·書史》（武漢：湖北教育出版社，2002年5月），頁138。

〔註146〕宋·張邦基：《墨莊漫錄》：「石刻不可學，但自書使人刻之，已非己書也，故必須眞蹟觀之，乃得趣。如顏眞卿每使家僮刻字，故會主人意，修改波撇，致大失眞。唯吉州廬山題名，題訖而去，後人刻之，故皆得其眞，無做作凡俗之差，乃知顏出於褚也。」（卷6，頁2b～3a）

〔註147〕宋·張邦基：《墨莊漫錄》，卷6，頁4a。

〔註148〕宋·米芾：《寶晉英光集》卷3，頁7～8。

綜上所述，米芾講究的平淡天成，不但有筆法上的要求，也有結構上的講究，而且，對於書法的表現，提出了不可重複性，這是從唐代歸返王羲之等人魏晉境界的具體表現。

二、米芾對王羲之法帖之評述

米芾所涉獵的書跡廣泛，散見於其著作中，主要是記錄在《書史》、《寶章待訪錄》以及岳珂的《寶眞齋法書贊》中，中田勇次郎有〈米芾著書所見法書目錄〉〔註149〕，詳列米芾所見的法書，篆隸幾乎闕如，《寶眞齋法書贊》載岳珂：

> 寶晉平生自言：「法書斷自西晉。」〔註150〕

可知米芾所謂的自然、平淡天眞，已經先將筆法限制在以晉人，作爲最高的指導原則，篆隸則摒除於書法之外。〔註151〕米芾在建中靖國1年（1101），於蔡京處得謝安〈八月五日帖〉，於是命所居爲「寶晉齋」〔註152〕，顯示其對於晉人的崇仰，並且時時摩挲鑽研。就王羲之的部分分析，米芾著錄中所提及的王羲之帖，超過60件，米芾重視筆墨的趣味，所以講究墨跡本，尤其是眞跡，以爲石刻經過他人之手，筆意全失。而對於王羲之書法的鑑賞有巨大貢獻，所著《書史》開篇即曰：

> 金匱石室，汗簡殺青，悉是傳錄，河間古簡，爲法書祖。張彥遠志
> 在多聞，上列沮蒼，按史發論，世咸不傳，徒欺後人，有識所罪。
> 至於後愚妄作，組織神鬼，止可發笑。余但以平生目歷，區別無疑，
> 集曰《書史》，所以指南識者，不點俗目。〔註153〕

〔註149〕（日）中田勇次郎：《中田勇次郎著作集・第三卷》，頁436～456。

〔註150〕宋・岳珂：《寶眞齋法書贊》「米元章臨晉武帝大水帖」條，卷20，頁298。米芾的原文在《書史》：「今法書之首，秦漢石刻，塗壁都市，前人已詳，余閱書白首，無魏遺墨，故斷自西晉。」（黃正雨、王心裁校輯：《米芾集》，頁116。）

〔註151〕但米芾並非對篆隸陌生，除其〈自敘帖〉中稱篆書師法〈石鼓文〉、〈岨楚文〉，前述也曾舉出米芾以爲隸書是「展促之法」的源頭，米亦是少數流傳隸作品的宋代大家，有《紹興米帖・米芾篆隸第九》傳世（見於中國法帖全集編輯委員會編：《中國法帖全集5・紹興米帖》，武漢：湖北美術出版社，2002年3月，頁220～277），用筆活潑有餘，甚至時有偏鋒，顯然嚴整不足，與漢隸、唐隸均不同。

〔註152〕黃正雨、王心裁校輯：《米芾集・書史》：「余白首收晉帖，止得謝安一帖，開元建中御府物，曾入王涯家；右軍二帖、『貞觀御府』印；子敬一帖，有褚遂良題印，又有丞相王鐸家印記，及有顧愷之、戴逵畫〈淨名天女〉、〈觀音〉，遂以所居命爲『寶晉齋』。」（頁131。）

〔註153〕黃正雨、王心裁校輯：《米芾集・書史》，頁115～116。

米芾以「平生目歷」為準，批評張彥遠的《法書要錄》「徒欺後人」，因為《法書要錄》是按照文字歷史立論闡述，張彥遠本人並不一定見到原跡，以致於後來的書法史書，都不免「組織神鬼」。此為米芾大不以為然，有感於此，而以眼見為憑，米芾在這個角度上是有所突破的，也是一種書寫意識的轉換。

米芾對於書畫的鑑賞，注重鈐印，曾云：

> 畫可摹，書可臨而不可摹。惟印不可偽作，作者必異。王詵刻「勾德元圖書記」，亂印書畫，余辨出「元」字腳，遂伏其偽，木印、銅印自不同，皆可辨。〔註154〕

從前述可知，米芾重視筆趣、自然，以及作書法作品的不可重複性，如此便可知所謂的「書可臨而不可摹」的含意所在，而在書畫的鑑別上，以印章最為關鍵，因為印章在當時是不容易偽作的，一直到今日，仍然有效。其次，米芾鑑賞書畫，重視流傳，對於書跡的獲得，能翔實記載過程，如前舉〈王略帖〉：

> 王羲之〈桓公破羌帖〉，有「開元」印、唐懷充跋，筆法入神。在蘇之純家，之純卒，其家定直，久許見歸，而余使西京未還，宗室仲爰力取之。且要約曰：「米歸，有其直，見歸即還。」余遂典衣以增其直取回。仲爰已使庸工裝背，剪損古跋尾參差矣，痛惜痛惜。〔註155〕

從印章、題跋、筆法上鑑定，又記載其收得的過程，為後世鑑定立下基礎。以下試以《書史》為主，參酌米芾其他著作，將其對王羲之法帖之評價列表一覽如下：

表5-5：米芾著書中的對王羲之書法的評述一覽表

編號	米芾著書中的王羲之書跡〔註156〕	《書史》〔註157〕所載之評述〔註158〕	米芾著作其他著錄評述（出處）
1.	樂毅論（梁本）	有改誤兩字又不闕唐諱是梁本也。（頁120）	

〔註154〕黃正雨、王心裁校輯：《米芾集・書史》，頁139。
〔註155〕黃正雨、王心裁校輯：《米芾集・書史》，頁120。
〔註156〕本表據中田勇次郎：〈米芾著書所見法書目錄〉中王羲之部分編成，見於（日）中田勇次郎：《中田勇次郎著作集・第三卷》，頁437～441。又有增補，一律出注。
〔註157〕據黃正雨、王心裁校輯：《米芾集・書史》，該書以涉園影印宋咸淳本《百川學海》本為底本。
〔註158〕諸法書在《書史》中所記為傳藏、考證、印章等，若不涉評價或詮釋均從略。

2.	樂毅論（黃素絹本、六朝人書）	無唐人氣格。（頁116） （〈黃庭經〉非「換鵝經」。） 世傳〈黃庭經〉多惡札，皆是偽作。唐人以〈畫贊〉猶非眞，則〈黃庭〉內多鍾法者，猶是好事者爲之耳。（頁116）	鋩鋒筆行書，恐非右軍。……固是甲觀（《待》〔註159〕頁12～13）
3.	黃庭經（唐摹、唐一種偽好物）	有鍾法，後有褚遂良字，亦是唐一種偽好物。（頁129）	
4.	碧綾黃庭經（云是褚遂良書非也）	云是褚遂良書，非也。（頁138）	
5.	摹黃庭經一卷	（「句德元圖書記」乃余驗破者）（頁140）	
6.	東方朔畫贊（歐陽詢補寫）	糜破處歐陽詢補之。（頁120）	
7.	十七帖	（關杞所藏本）（頁126）	
8.	十七帖	（劉涇所藏本）＝（頁131）	
9.	雙鉤右軍十七帖（楮紙）	有精彩（頁138）	
10.	又一本	＝（頁138）	
11.	又一卷（紙白）	＝（頁138）	
12.	褚遂良黃絹上臨蘭亭	＝（頁118）	雖臨王帖，全是褚法。其狀若岩迢奇峰之峻，英英穠秀之華；偏偏自得，如飛舉之仙，爽爽孤騫，類逸群之鶴；蕙若振和風之麗霧，露擢秋幹之鮮，蕭蕭慶雲之映霄，矯矯龍章之動彩，九奏萬舞，鵷鷺充庭，鏘玉鳴璫，窈窕合度，宜其拜章帝所留，賞群賢也。至於永和字，全效其雅韵，九觴字備著其眞，摽浪字無異於書名，由字益彰其楷則。若夫臨倣，莫稱於薛魏，賞別不聞於歐虞，信百代之秀規，一時之清鑒也。〔註160〕

〔註159〕指宋・米芾：《寶眞待訪錄》（臺北：世界書局，1992年10月藝術叢編本），下同。

〔註160〕據原跡影印本，佚名：《唐褚遂良臨蘭亭帖》（臺北：國立故宮博物院，1977年6月），未編頁碼。此文亦見於宋・米芾：《寶晉英光集》卷7，頁7～8。文字出入若干，故以原跡爲據。

13.	蘭亭三本 1	1（蘇易簡題贊：「有若像夫子，尚興闕里門。虎賁類蔡邕，猶傍文舉尊。昭陵自一閉，眞跡不復存。今余獲此本，可以比璵璠。」）（頁122）	
	2 褚遂良摹	2 毫髮備盡。（頁122） 「少長」字世傳衆本皆不及，「長」字其中二筆相近，末後捺筆鉤迴，筆鋒直至起筆處； 「懷」字內折筆抹筆皆轉側，褊而見鋒； 「暫」字內「斤」字、「足」字轉筆賊毫隨之，於斫筆處賊毫直出其中，世之摹本未嘗有也。此定是馮承素、湯普徹、韓道政、趙模、諸葛正之流搨賜王公者。 碾花眞玉軸、紫錦裝背，在蘇氏舜元房，題爲「褚遂良摹」。 余跋曰：「〈樂毅論〉正書第一，此乃行書第一也。」 觀其改誤，字多率意爲之，咸有褚體，餘皆盡妙，此書下眞跡一等，非深知書者未易道也。 贊曰：「熠熠客星，豈晉所得，養器泉石，留腴翰墨，戲著標談，書存馬（爲）式，鬱鬱昭陵，玉盌已出，戎溫無類，誰賓眞物，水月非虛，移模奪質，繡繰金鏤，瓊機錦紵，猗歟元章，守之勿失。」	2 永和九年暮春月，內史山陰幽興發。群賢吟詠無足稱，敍引抽毫縱其扎。愛之重寫終不如，神助留爲萬世法。廿八行三百字，之字最多無一似。昭陵竟發不知歸，模寫典刑猶可祕。彥遠記模不記褚，《要錄》班班記名氏。後生有得若求奇，尋購褚模驚一世。寄言好事但賞佳，俗說紛紛那有是？〔註161〕
	3 唐粉蠟紙雙鉤摹（蘇沂摹）	3 蘇沂所摹，在第1本上。（頁122）	3 精神筆力，毫髮畢備，下眞跡一等，此幾馮承素輩搨賜大臣者。（《待》頁4）
14.	蘭亭一絹本	（在蔣長源處）（頁122）	

〔註161〕據原跡影印本，上海書畫出版社編：《歷代碑帖大觀・蘭亭序二十二種》（上海：上海書畫出版社，1998年5月），頁43～45。

15.	蘭亭一紙本	（在其（蔣長源）子之文處，是舜欽本）（頁 122）	
16.	蘭亭一本	（滕中處）（頁 123）	
17.	蘭亭一本	（之友處）（頁 123）	
18.	唐刻板本蘭亭	有鋒勢、筆活。（頁 123） 回視定本及近世妄刻之本，異也。此書不亡於後世者，賴存此本。（頁 123）	
19.	三米蘭亭	（米芾翻刻唐刻板本蘭亭）（頁 123）	
20.	趙叔盎本	在舜欽本上，因重背易其後背紙，遂乏精彩，然在都門最為佳本，王鞏見求余家印本，曰：「此湯普徹所摹，與贈王詵家摹本一同。」今甚思之，欲得此以自解爾。（頁 123）	
21.	唐石本蘭亭	佳於定本，不及余家板本也。（頁 123）	
22.	唐絹本蘭亭	劉涇書來漣漪，曰：「收唐絹本〈蘭亭〉，無奇獲，且漫眼耳。」殊非自剽制語也，余答以詩曰：「劉郎無物可縈心，沉迷蠹縑與斷簡，求新不獲狂時發，自謂下取且漫眼，猗嗟斯人今實黈，我欲從之官有限，何時大叫劉子前，跲閱墨皇三復返！」（頁 129）	
23.	古摹蘭亭	＝（頁 136）	
24.	蘭亭橅本	×	（《待》頁 23）
	錢陸臨蘭亭〔註162〕	唐・司議郎陸柬之書〈頭陀寺碑〉，前少兩幅，獲于吳郡，世未有此書。內空「山」字後筆，以《氏族志》檢之，父名山才，遂以為定；及王詵處收錢氏陸臨〈蘭亭〉遂皆空「山」字。（頁 136）	
25.	宋羊欣宋翼二帖并褚令摹蘭亭	×	（《待》頁 24〜25）
26.	筆陣圖（前有自寫真）	＝（頁 120）	

〔註162〕據黃正雨、王心裁校輯：《米芾集・書史》補，頁 136。

27.	王右軍書家譜	＝（頁 120）	
28.	唐摹右軍帖（末一帖奉橘帖、雙鉤蠟紙摹）	（考據）（頁 117）	
29.	稚恭帖（眞跡麻紙）	晉右將軍會稽內史王羲之行書帖，眞跡。天下法書第二，右軍行書第一也。帖辭云：「羲之死罪，伏想朝廷清和，稚恭遂進鎮，東西齊舉，想尅定有期也。羲之死罪。」「長慶某年月日，太常少卿蕭祐鑒定。」在王珪禹玉家，後有禹玉跋，以「門下省印」印之。時貴多跋。後爲章惇子厚借去不歸，其子仲脩專遣介請未至。是竹絲乾筆所書，鋒勢鬱勃，揮霍濃淡如雲煙，變怪多態。「清」字破損，余親臨得之。（頁 117）	混沌破，龍蛇出，大荒子，鼓神物，縱變怪，造悅忽，起洪水，稽天骨，大道驚，戮狂勃，時蟄引，無憚率，神禹符，鎮魖窟。（《英》六9a〔註 163〕）
30.	玉潤帖〔註 164〕（眞跡本）	字大小一如〈蘭亭〉，想其眞跡神妙。（頁 118）	
31.	玉潤帖〔註 165〕（唐人冷金紙雙鉤摹帖）		
32.	快雪時晴帖（眞字數字帶行）	是眞字，數字帶行，今世無右軍眞字。（頁 118）	右軍〈快雪時晴帖〉，眞字。（《英》八 2b）
33.	快雪時晴帖又一本		
34.	快雪時晴帖又一本		
35.	筆精帖（紙妙筆精帖）	（考據）（頁 118）	（《待》頁 18～19）
36.	思言敘帖兩行	王獻之〈送梨帖〉云：「今送梨三百顆，晚雪，殊不能佳。」上有梨幹黎氏印，所謂南方君子者。跋尾半幅云：「因太宗書卷首，見此兩行十字，遂連此卷末，若珠還合浦，劍入延平，太和三年三月十日，司封員外郎柳公權記。」後細題一行曰：「又一帖。十二字連之。」余辨乃右軍書，云：「思言敘，卒何期，但有長歎，念告。」公	

〔註 163〕「《英》六 9a」爲宋・米芾：《寶晉英光集》（涉聞梓舊本），卷 6，頁 9 第 1面。以下同此例。

〔註 164〕原作「王潤帖」，據黃正雨、王心裁校輯：《米芾集・書史》改。

〔註 165〕原作「王潤帖」，據黃正雨、王心裁校輯：《米芾集・書史》改，頁 117。

		權誤以爲子敬也。縫有「貞觀」半印，世南、孝先字跋，孝先是本朝王曾丞相字。……唐太宗書竊類子敬，公權能於太宗書卷辯出，而復誤連右軍帖爲子敬，公權知書者，乃如此。其跋馮氏〈西昇經〉，唐經生書也，乃謂之褚書者，同也。蓋能書者未必能鑒。余既跋定之，蘇子瞻於是跋詩曰:「家雞野鶩同登俎，春蚓秋蛇總入奩，君家兩行十二字，氣壓鄴侯三萬籤。」蓋以《晉史》太宗貶貶子敬也。然唐太宗力學右軍，不能至，復學虞行書，欲上攀右軍，故大罵子敬耳。子敬天眞超逸，豈父可比也。（頁119）	
37.	來戲帖（黃麻紙六朝人所臨寫）	字法清潤，是少年所書，滿一幅，其間數字難辨。（頁119）	
38.	又〔註166〕雙鉤橅本		
39.	桓公破羌帖（王略帖）	筆法入神（頁120）	筆法入神奇絕，帖與工仲修學士家〈稚恭帖〉同是神物。（《待》頁17） 昭回于天垂英光，跨頡歷籀化大荒；煙華淡濃動彷徉，一噫萬古稱天章。鸑夸虬舉鵠序翔（數字皆有此形勢），洞天九九（八十一字）稱寥陽。茫茫十二小劫長（自晉至今十二代），璽完神訶命戲藏。（《英》六7a～7b） 以十五萬取則以歸米，迨使還如約，然已使庸工折背剪損矣。昔梁武不收〈慰問帖〉，唐文雖收，尚別卷，非慰問者。此無「貞觀」印，但開元入御府爾。古今印跋完備，有傳授之緒。吾閱書遍一世，老矣，信天下第一帖也。（《英》七9b）

40.	黃麻紙十餘帖 1 白石枕 2 卿事時了 3 九日以當力見 4 重熙八日過信安 5 祠物當治護 6 謝書云云今送 7 鶺等不佳	字老而逸，暮年書也。（頁120）世未見其比，故是右軍名扎也。（頁120～121）	
41.	貞觀御府右軍三帖	歐陽詢草書，「也」字末筆倒麼，不見其所出，余家得〈貞觀御府右軍三帖〉，末後一帖「也」字乃歐法所出，世之眞迹與石刻帖並無此也字耳。（頁128）	
42.	碧牋王帖	劉瑗收碧牋王帖，上有「勾德元圖書記」、「保合」、「太和」印及題。顯德歲，嘗愛吾家顧愷之〈淨名天女〉，欲以畫易，吾答以若有子敬帖，便可易。伯玉答曰：「此猶披沙揀金。」此語甚妙。（頁130）	
43.	右軍二帖	余白首收晉帖，止得謝安一帖，開元建中御府物，曾入王涯家；右軍二帖，「貞觀御府」印；子敬一帖，有褚遂良題印，又有丞相王鐸家印記，及有顧愷之、戴逵畫〈淨名天女〉、〈觀音〉，遂以所居命爲寶晉齋。（130～131）	
44.	官奴帖	＝（頁131）	
45.	尙書帖（尙書六日書示）	＝（頁131）	
46.	唐人背右軍帖〔註167〕	＝（頁133）	
47.	裹鮓〔註168〕帖兩幅（右軍唐摹四帖の內、冷金硬黃）	一帖有「裹鮓」字，薛道祖所收，命爲〈裹鮓帖〉，兩幅是冷金硬黃，一幅是楮薄紙摹。右	

〔註167〕此非帖名，但《書史》中亦未指出右軍帖的內容爲何，恐是其他王羲之書法，故仍存之。

〔註168〕原作「酢」，據黃正雨、王心裁校輯：《米芾集·書史》改。

48.	又（楮薄紙）	軍暮年更妙帖也。其一幅云：「欲與彥仁集界上平自可且何所諮人乃王道平平」其「平」字音「便」，又見晉人語氣。（頁134）	
49.	開元摹右軍帖		
50.	異熱帖（開元摹右軍帖の內）	＝（頁134）	
51.	增慨安西二帖	＝（頁135）	
52.	丙舍帖（唐人摹臨鍾繇帖）	暮年書（頁136）	
53.	又〔註169〕摹本（兩本）	＝（頁136）	
54.	錢氏王帖	薛書來云：「購得錢氏王帖。」余答以李公炤家二王以前帖，宜傾囊購取。寄詩云：「歐怪褚妍不自持，猶能半蹈古人規。公權醜怪惡札祖，從茲古法蕩無遺。張顛與柳頗同罪，鼓吹俗子起亂離。懷素獷獠小解事，僅趨平淡如肓（盲）醫。可憐智永硯空臼，去本一步呈千嗤（法帖所載可見）。已矣此生為此困，有口能談手不隨。誰云心存乃筆到，天工自是祕精微，二王之前有高古，有志欲購忘高貲。殷勤分治薛紹彭，散金購取重跋題。」薛和云：「聖草神蹤手自持，心潛模範識前規。惜哉法書垂世久，妙帖堂堂或見遺。寶章大軸首尾具，破古欺世完使離。當時鑒目獨子著，有如痼病工難醫。至今所收上卷五，流傳未免識者嗤。世間無論有晉魏，幾人解得真唐隋。文皇鑒定號得士，河南精識能窮微。即今未必無褚遼，寧馨動欲千金貲。古黌織褙可復得，白玉為	

〔註169〕原作「右」，據《書史》：「薛紹彭摹得兩本，一以見贈。」改（黃正雨、王心裁校輯：《米芾集》，頁136。）

		蹳黃金題。」盖謂子弟索重價難購也。（頁137）	
55.	羲之千文（楮紙）	×	筆力圓熟（《待》頁9）
56.	子鸞字帖（恐是陳子鸞）	劉涇不信世有晉帖，後十五年始得子鸞字帖，云是右軍，余云恐是陳子鸞，未經余目，後薛紹彭書來亦云六朝書。（頁132）	
57.	浩博帖（未詳）	＝（頁138）	
58.	官奴帖（雙鉤麻紙本）	×	《待》頁13
59.	右軍與王述書	＝（米芾以此易得唐文皇手詔）（頁133）	
60.	內史與王述書（江南十八帖の內）	此帖刻在〈江南十八家帖〉中，本朝以碑本刻入十卷中，較之不差毫髮。（頁135）	
61.	官舍尚書二帖　1 官舍帖　2 尚書帖	神助（頁）	
62.	智永臨右軍五帖〔註170〕	＝（頁136）	
63.	洪元愼集右軍越州兩碑〔註171〕	＝（頁128）	（《待》頁19）

　　由表中可知，米芾對王羲之諸帖的評述有品第甲乙之興趣，今試就名列前茅者析論，以得米芾對王羲之書法理解的典型。

　　米芾其中最激賞的帖子中，其一是王羲之的〈王略帖〉（一名〈破羌帖〉或〈桓公至洛帖〉），此帖並未收於《淳化閣帖》中，卻是眞跡，米芾在〈書史〉中記載他收得的過程：

　　　　王羲之〈桓公破羌帖〉，有「開元」印、唐懷充跋，筆法入神。在蘇
　　　　之純家，之純卒，其家定直，久許見歸，而余使西京未還，宗室仲爰
　　　　力取之。且要約曰：「米歸，有其直，見歸即還。」余遂典衣以增其
　　　　直取同，仲爰已使庸工裝背，剪損古跋尾參差矣，痛惜痛惜。〔註172〕

可見米芾對於此帖的喜愛，並對跋尾被剪損而深感痛惜。米芾在徽宗 3 年

〔註170〕據黃正雨、王心裁校輯：《米芾集・書史》，頁136 補。
〔註171〕參宋・岳珂：《寶眞齋法書贊・洪元眘行業讚集王右軍書帖》，卷 7，頁 108〜109。
〔註172〕黃正雨、王心裁校輯：《米芾集・書史》，頁120。

（1103）在李繹處得到〈王略帖〉，3月有〈王略帖跋〉：〔註173〕

> 此無「正觀」印，但開元入御府爾。古今印跋完備，有傳授之緒。
>
> 吾閱書遍一世，老矣，信天下第一帖也。〔註174〕

此帖有中「貞觀」印記，應是在玄宗開元年間入御府，是一件流傳有緒的書跡。不僅如此，其書法表現更令米芾折服，《書史》對〈破羌帖〉的評價僅「筆法入神」四字，張邦基《墨莊漫錄》另載米芾云：

> 一日不書便覺思澀，想古人未嘗片時廢書也。因思蘇之才〈桓公至
>
> 洛帖〉字字用意，殊有功，爲天下法書第一。古所謂一筆書者，謂
>
> 意相鉤連，非復便一筆至到底也。若旋安排，即虧活勢耳。〔註175〕

若米芾以「平淡天眞論」爲其書法藝術審美標準，則〈王略帖〉乃是其終極目標。此〈王略帖〉的精妙之處在於 1. 字字有意，每個字都應有其特殊的意趣；2. 意相鉤連：不僅字字須有意，字與字之間也要互相照應，彼此相連貫，卻不能一筆鉤連到底，也就是應當有含蓄之美。米芾收得〈王略帖〉後，同月，又有〈王略帖贊〉，〔註176〕除了贊之外，米芾還錄了黃誥一首，劉涇、薛紹彭二人各二首之步韻，可見米芾對此帖的珍藏與喜愛。

除〈王略帖〉外，米芾稱許〈稚恭帖〉（圖 5-12）爲「右軍行書第一」，《書史》載：

> 晉右將軍會稽內史王羲之行書帖，眞跡。天下法書第二，右軍行書
>
> 第一也。……竹絲乾筆所書，鋒勢鬱勃，揮霍濃淡如雲煙，變怪多
>
> 態。「清」字破損，余親臨得之。〔註177〕

〈王略帖〉與〈稚恭帖〉「同是神物」〔註178〕，前者爲草書，是「天下第一帖」，此則爲行書，名列第二，可見米芾對於右軍草書的看中。又〈稚恭帖〉爲米芾欣賞的原因有：

〔註173〕參《米芾書法史料集・米芾年表》，頁 782。

〔註174〕中國法帖全集編輯委員會編：《中國法帖全集・7・宋群玉堂帖》，頁 221。

〔註175〕宋・張邦基：《墨莊漫錄》，卷 6，頁 5。

〔註176〕曰：「晉右將軍金紫光祿大夫王羲之書八十一字贊：昭回于天垂英光，跨頡歷籀化大荒；煙華澹穠動彷徉，一噫萬古稱天章。鸞夸虬舉鵠序行，洞天九九稱寥陽。茫茫十二小劫長，靈完神訶命芾藏。癸未歲太常玉堂手裝。」劉正成主編：《中國書法全集　米芾二》（北京：榮寶齋，1992 年 3 月），頁 325。

〔註177〕黃正雨、王心裁校輯：《米芾集・書史》，頁 117。

〔註178〕宋・米芾：《寶章待訪錄・王右軍桓溫破羌帖有開元印唐懷充跋》條載：「右筆法入神奇絕，帖與王仲修學士家〈稚恭帖〉同是神物，有開元印，懷充跋。」頁 17。

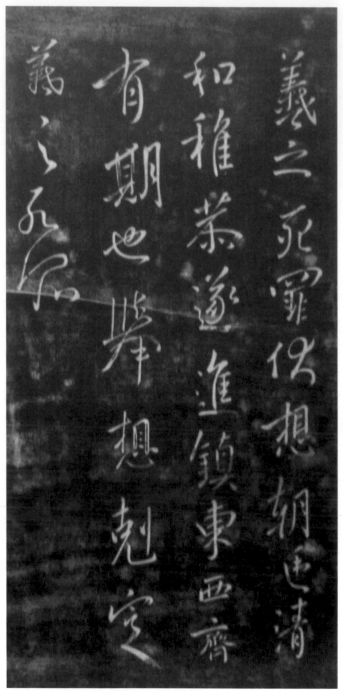

圖 5-12：東晉・王羲之〈稚恭帖〉（《翰香館帖》刻本）

取自（日）宇野雪村編：《王羲之書跡大系・十三諸集帖
收載尺牘帖》（東京：東京美術，2004 年 4 月），頁 60。

1. 以竹絲乾筆書寫，表現出靈活的鋒勢；

2. 具有濃淡表現；

3. 富有變化之姿。

這幾個特點均表現在〈米芾臨王羲之暴疾等帖〉中（詳下段），惟〈稚恭帖〉原跡未見，幸可見於後世刻帖中見到，〔註179〕雖經輾轉翻刻，但仍可見近似竹絲乾筆所書的飛白筆畫（第 3 行），較之王羲之其他帖子，此帖較爲圓轉，且大小字的對比很強烈（如第3行的「舉」與第2行的「齊」），很具特色。

另，米芾所激賞的還有褚摹〈蘭亭敘〉，米芾著書所見的〈蘭亭敘〉至少有十六種之多，〔註180〕其中褚遂良摹本最爲傳眞，米芾有〈褚摹〈蘭亭〉跋贊〉云：

> 右米姓祕玩，天下法書第一。……元祐戊辰獲此書。崇寧壬午六月。
> 大江濟川亭，舟對紫金避暑手裝，米芾。〔註181〕

〈書史〉又載：

> 余跋曰：「〈樂毅論〉正書第一，此乃行書第一也。觀其改誤字，多
> 率意爲之，咸有褚體，餘皆盡妙。此書下眞跡一等，非深知書者，
> 未易道也」〔註182〕

〈樂毅論〉正書第一，〈蘭亭敘〉行書第一，乃是褚遂良〈晉右軍王羲之書目〉所載，〔註183〕但褚遂良所面對的是眞跡，而米芾只能對褚遂良摹本想見其眞，並予「下眞跡一等」的稱頌。從前述米芾〈自敘帖〉中可知，在唐人中，米芾「慕褚而學最久」（前引），除了褚摹本外，褚臨本也爲米芾所稱賞，曾跋云：

> 雖臨王帖，全是褚法。〔註184〕

〔註179〕此帖今有明代的《東書堂帖》與清代的《翰香館帖》所刻兩種，前者筆者未見，後者所刻，卻將「有期也」與「舉想剋定」兩段文字顛倒，參（日）宇野雪村編：《王羲之書跡大系・解題篇》（東京：東京美術，2004年4月），頁425。

〔註180〕此據中田勇次郎所考，見於（日）中田勇次郎：《中田勇次郎著作集・第三卷》〈米芾著書所見法書目錄〉，頁437～438。

〔註181〕劉正成主編：《中國書法全集・38 米芾二》，頁305。

〔註182〕黃正雨、王心裁校輯：《米芾集》，頁122。

〔註183〕唐・張彥遠：《法書要錄》（范校本），頁88、89。

〔註184〕據原跡影印本，佚名：《唐褚遂良臨蘭亭帖》（臺北：國立故宮博物院，1977年6月），未編頁碼。

通過米芾對於褚遂良所臨與所摹〈蘭亭敘〉的敘述，可以發現褚遂良取法的模式給米芾極大的啟示：臨摹字帖可力求形似、神似，甚至到的亂眞的地步，也可以注入自身的筆法，用自己的意思來詮釋法帖。

三、米芾意臨王羲之法帖

　　米芾所臨的王羲之書在《寶晉齋法帖》中有八件，除了〈王略帖〉外，還有宋高宗題〈米芾臨王羲之暴疾等帖〉一組作品，有臨寫王羲之〈期小女帖〉、〈頃日帖〉、〈二月二日帖〉、〈二孫女帖〉、〈脩載帖〉、〈事長畢帖〉、〈九月三日帖〉等七帖，今將此原跡與米臨本對照製表，並分析如下：

　　米芾臨王羲之〈王略帖〉（圖 5-13、圖 5-14）：米芾所臨本單字頓挫較爲強烈，如「即」（第 1 行）、「使」（第 6 行）等字，而且用筆圓暢，圓轉的筆勢明顯；又米芾時有首筆加重的現象，如倒數第二行的「其」、「語」、「須」、「復」等字；倒數第三行「可」、「適」有〈書譜〉的「跳筆」寫法，〔註 185〕米芾《書史》有云：

> 孫過庭草書〈書譜〉，甚有右軍法，作字落腳，差近前而直，此乃過
> 庭法。凡世稱右軍書有此等字，皆孫筆也。凡唐草得二王法，無出
> 其右。」〔註 186〕

「跳筆」爲米芾所闡揚的一種特殊用筆法，源自孫過庭〈書譜〉，米芾更判斷這是孫過庭所獨創，部分王羲之法帖中有的「跳筆」現象，實際上都出於孫過庭。米芾大大的提高了孫過庭的地位，尤其孫過庭〈書譜〉以眞跡傳世，而米芾講究從眞跡學習，因爲米芾的推賞與學習，使孫過庭成爲王羲之系統中重要的人物。

〔註 185〕　「跳筆」是〈書譜〉的特殊筆法，米芾則斷定此種筆法爲孫過庭獨有，王羲之書跡中有此等筆法的，均是孫過庭的作品，米芾講究墨跡，對〈書譜〉又有極高的讚譽，〈書譜〉應入其「集古字」之列，可由其書跡中有此種「跳筆」可知，而事實上，米芾是發揚〈書譜〉價值的第一人，拙著：〈論中國歷代對孫過庭〈書譜〉的評價與詮釋〉曾申論之，可參看：《逢甲人文社會學報》，臺中：逢甲大學人文社會學院，第 20 期，2010 年 6 月，頁 149～151。〕

〔註 186〕　黃正雨、王心裁校輯：《米芾集》，頁 128。

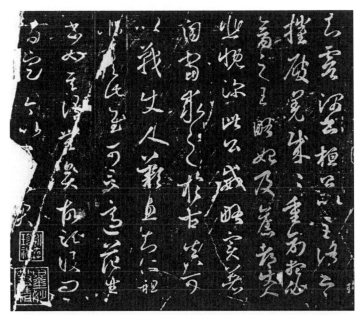

圖 5-13：東晉・王羲之〈王略帖〉（米芾《寶晉齋法帖》
刻本）

取自中國法帖編輯委員會編：《中國法帖全集 11・宋寶晉齋
法帖》（武漢：湖北美術出版社，2002 年 3 月），頁 14～16。

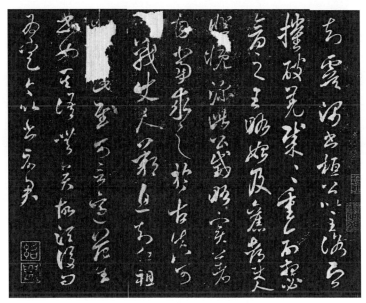

圖 5-14：北宋・米芾〈臨王略帖〉（《寶晉齋法帖》本）

取自中國法帖編輯委員會編：《中國法帖全集 11・宋寶晉齋
法帖》（武漢：湖北美術出版社，2002 年 3 月），頁 226～228。

　　米芾臨王羲之〈期小女帖〉（圖 5-15、圖 5-16）則凸顯向下的筆勢，因此單字顯得稍微狹長（如第 1 行「期」字、「歲」字；第 2 行「吾」、「衰」、「老」、「情」等字；第 5 行「如何」）。原帖則較開朗寬闊，增加流動感。部分文字向右下欹斜，產生跌宕的趣味，也就是說，米芾不是寫在一直線上，故而重心產生斜線的交錯（如第一行「暴疾不救哀」）。並增加大小字的對比（如第四行「之纏心」等字），使畫面更具有跳動感。流動、跌宕、對比強烈種種因素，大大的增加篇幅的筆墨情趣，令人將注意力從文字的字意轉向書法美的表現，文字內容涵義退居次要。

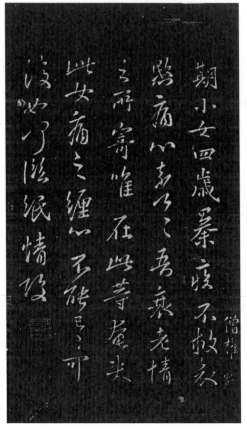 

圖 5-15：東晉・王羲之〈期小女帖〉（《寶晉齋法帖》本）

取自《中國法帖全集 11・宋寶晉齋法帖》（武漢：湖北美術出版社，2002 年 3 月），頁 64～65。

圖 5-16：北宋・米芾〈臨期小女帖〉（《寶晉齋法帖》本）

取自《中國法帖全集 11・宋寶晉齋法帖》（武漢：湖北美術出版社，2002年 3 月），頁 229～230。

　　米芾臨王羲之〈傾日帖〉（圖 5-17、圖 5-18）也藉由圓轉的筆勢產生連綿的行氣，較之原帖，大有一瀉千里之勢；第二行有更多更明顯的纏繞現象，每行的字數都不相同，表現的意趣也完全不同。又米芾強調了「字組」的表現（如首行「傾日」一組、「親親倏」一組，因為兩組中間分開，打破規律的字距，所已被視為一組一組），打破各單字間隔相同的表現手法，書法作品顯然不是「單字的堆疊」。

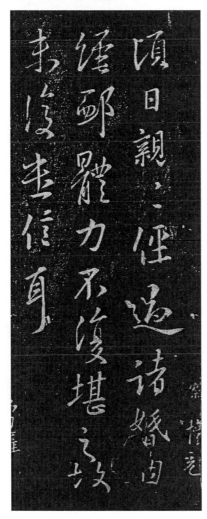

圖 5-17：東晉・王羲之〈頃日帖〉
取自《中國法帖全集 11・宋寶晉齋法帖》（武漢：湖北美術出版社，2002 年 3 月），頁 67。

圖 5-18：北宋・米芾〈臨頃日帖〉
取自《中國法帖全集 11・宋寶晉齋法帖》（武漢：湖北美術出版社，2002 年 3 月），頁 231～231。

　　米芾臨王羲之〈二月二日帖〉（圖 5-19、圖 5-20）則出現改變文字寫法的現象（如「昨」（第一行）、「親」（第二行）），「夜」將字形拉長，末尾「汝不可言」四字，改獨立爲連綿，都增加了流暢與動感。

圖 5-19：東晉・王羲之〈二月二日帖〉

取自《中國法帖全集 11・宋寶晉齋法帖》（武漢：湖北美術出版社，2002 年 3 月），頁 67。

圖 5-20：北宋・米芾〈臨二月二日帖〉

取自《中國法帖全集 11・宋寶晉齋法帖》（武漢：湖北美術出版社，2002 年 3 月），頁 231。

　　在臨王羲之〈二孫女帖〉（圖 5-21、圖 5-22）中更出現刪減或寫別字的現象，此件臨作刪減了「二孫復」三字，又將「如何」改寫成「如此」（第四行），對於文意有很大的改變，這對米芾而言，似乎不是重點，米芾對筆墨的意趣表現更為關心。此件臨作不但在字的大小上更誇張，筆畫的粗細對比也十分強烈，甚至有墨塊的出現（「纏」、「豈圖」等處）又變化楷書為行書，如第 1 行「孫女不欲傷」等字，原帖可視為楷書，但米臨草化成行書，王帖明顯的先楷後草，米臨則化為一氣的行草。

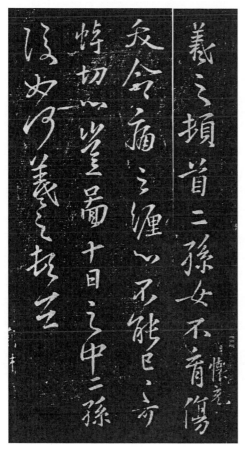

圖 5-21：東晉・王羲之〈二孫女帖〉
取自《中國法帖全集 11・宋寶晉齋法帖》（武漢：湖北美術出版社，2002年 3 月），頁 65～66。

圖 5-22：北宋・米芾〈臨二孫女帖〉
取自《中國法帖全集 11・宋寶晉齋法帖》（武漢：湖北美術出版社，2002年 3 月），頁 231～232。

　　但米芾絕非率意臨寫，臨王羲之〈脩載帖〉（圖5-23、圖5-24）幾處表現了入微的傳眞，如第2行「明日」的串連筆勢、第3行「無」字的末筆傾斜都很細膩。

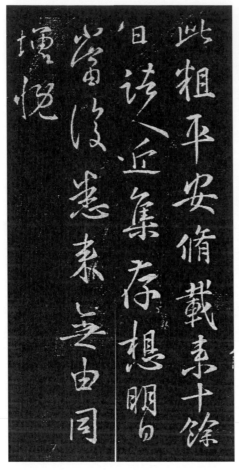

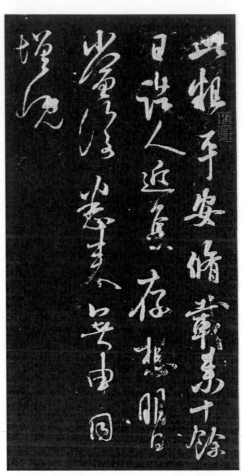

圖5-23：東晉・王羲之〈脩載帖〉

取自《中國法帖全集11・宋寶晉齋法帖》（武漢：湖北美術出版社，2002年3月），頁66～67。

圖5-24：北宋・米芾〈臨脩載帖〉

取自《中國法帖全集11・宋寶晉齋法帖》（武漢：湖北美術出版社，2002年3月），頁233。

　　另有臨王羲之〈事長畢帖〉、〈九月三日帖〉等，表現的趣味大致如上，不一一分析。經過以上對比，可知米芾對王羲之法帖詮釋的方式：

　　（一）可以分作兩類：第一類是「忠實的臨帖」，以〈王略帖〉最爲具體，是以「字帖」爲主體，字形或用筆都亦步亦趨；第二類則是「創

造的臨書」〔註187〕，是以「自我」爲主，調整字帖字形，作自我
風格的展現。略分爲此二類，雖不能說前者沒有自我或後者沒有
字帖，但兩者的區分是確實可區別的。《寶晉齋帖》區分爲〈米芾
臨王羲之王略帖〉與〈米芾臨王羲之暴疾等帖〉〔註188〕。固然，
是由於〈王略帖〉與其他七帖應屬不同時期的作品，但因此揭示
了米芾不同的臨帖態度。米芾對〈王略帖〉的珍愛，在與另一組
的對照下明顯的顯示出來。

（二）在〈米芾臨王羲之暴疾帖〉的一組七件作品中，雖可說是「創造
的臨書」，但其中卻也有相似度的不同，就中以〈期小女帖〉與〈修
載帖〉的傳眞度較高，〈二孫女帖〉與〈事長畢帖〉的臨寫自我發
揮較多，前者表現在文字的刪減或改易，後者表現在筆勢上。

（三）米芾重視墨跡，所臨諸帖較多的筆墨趣味。

（四）米臨將字形拉長，筆勢圓轉，大大的增加字與字之間的連貫性。

（五）米芾加入圓轉的筆勢後，還有「字組」的表現，使書法作品不是
單字的堆砌表現，而是「行」的表現。〔註189〕

（六）回視前述「平淡天成」的論述，主要是相對於顏柳諸家而言，若
將米芾之書跡與王字作一比較，則米字不論在字形、行氣、筆墨
的表現上都有突破，顯得跳宕有奇趣，並不「平淡」。

「創造的臨書」在使臨書成爲藝術創作之可能，此概念的提出，吉田悟
乃前有所承，爲德國慕尼黑人士 Lothar Ledderose（1942～），日文譯爲 L・レ
ダローゼ，日人塘 耕次（1946～）曾將其所著《米芾》一書作爲二玄社「人
と藝術」系列著作之一，〔註190〕該書立論米芾與褚遂良有極爲相似之處，引
米芾云：

〔註187〕 （日）吉田悟：〈米芾の学書について・創造的臨書〉，見於：http://daigakuin.
soka.ac.jp/assets/files/pdf/major/kiyou/16_jinbun1.pdf（2013/9/13）（《創價大學
大學院紀要》，2007 年，頁 308～309），對此有討論，可參看，該文還舉出類
似〈王略帖〉的較爲忠實的作品還有臨謝安〈八月五日帖〉，頁 314。
〔註188〕 中國法帖全集編輯委員會編：《中國法帖全集 11・宋寶晉齋法帖》（武漢：湖
北美術出版社，2002 年 3 月）標目，頁 226、229。
〔註189〕 章法上雖然每行首尾的文字均相同，但這有可能經過調整的，《英光堂帖》中刻
有這八件臨書，但每行的字數增加了，事實上，北宋對刻帖的章法重視整體的
完整，字距拉長或縮短不足爲奇，試比較《淳化閣帖》與《大觀帖》便可了然。
〔註190〕 （德）） L・レダローゼ著、（日）塘耕次譯：《米芾》，東京：二玄社，1987
年【人與藝術】本。

褚遂良如熟馭陣馬，舉動隨人而別有一種驕色。〔註191〕

首先是「熟馭」，對於書寫對象能完全掌控，其次，必須「別有」，意謂有不同於原本的創造，如此之條件以自我為本。褚遂良靠熟練，米芾如何成就呢？本文以為米芾師法漢碑是一個重要元素。

四、米芾取法漢碑拓王書為大

漢碑文字為八分書，而八分書在王羲之書法系統之中被張懷瓘評為「挂壁之類」〔註192〕，唐宋之間在王書系統中似不在其列，然則，八分書在唐玄宗時曾經一度興盛，並順利將書法字跡寫大，前述徐浩〈嵩陽觀記〉即為一例。因而八分書是有解決書法寫大困境的路徑之一，檢米芾所書特徵有二：

(一)「創造的臨書」部分明顯的特徵，就是粗係變化大，而粗的部分，有密不透風之現象，顯非王羲之書法所有。

(二)大陸地區多處摹刻米芾〈第一山〉為碑，以筆者親見的山東岱廟立碑（圖 5-25）為例，三個字成一個碑，比人更高；以米芾書作〈虹縣詩〉（圖 5-26）為例，此作縱 31.2 公分，除去天地留白，若書寫兩字，每字縱可達 12 公分以上。而足見米芾可勝任大字書寫。且書寫線條不避飛白，使書法的墨色變化更為寬廣多變，此亦王羲之書跡所無。

這兩種書法表現應與八分書的元素注入有關，而米芾取法的不是唐代八分書，而是漢碑。米芾的書法學習之路，在其〈自敘帖〉中云：

余初學顏，七八歲也，字至大一幅，寫簡不成。見柳而慕緊結，乃學柳。久之，知出於歐，乃學歐；久之，如印板排算，乃慕褚而學最久；又慕段季轉摺肥美，八面皆全；久之，覺段全繹展〈蘭亭〉，遂并看法帖，入晉魏平淡；弃鍾方而師師宜官〈劉寬碑〉是也。篆便愛〈咀楚〉、〈石鼓文〉、又悟竹簡以竹聿行漆，而鼎銘妙古老焉。〔註193〕

〔註191〕（德）L‧レダローゼ著、（日）塘耕次譯：《米芾》，頁 137。今本同（宋‧米芾：《寶晉英光集‧補遺》（臺北：藝文印書館，1966 年（未記月）百部叢書集成據涉聞梓舊本影印），頁 4b）。按：標點為筆者依今本中文習慣點記，與日人塘耕次譯本不同。

〔註192〕唐‧張彥遠《法書要錄》（洪本），卷 7，頁 192。

〔註193〕見於《群玉堂帖》卷 8，此據劉正成主編：《中國書法全集‧37 米芾一》（北京：榮寶齋，1992 年 3 月）影印東京國立博物館藏本（頁 275～280）。劉正

圖 5-25：山東岱廟米芾〈第一山〉碑刻與筆者合影

取自筆者相片，2000 年 8 月，崔仲璋先生攝。

成主編：《中國書法全集·38 米芾二》（北京：榮寶齋，1992 年 3 月）之釋文有誤，於「余初學」下有「先寫壁」三字（頁 504）。此帖一名〈學書帖〉，中國法帖全集編輯委員會編：《中國法帖全集·7·宋群玉堂帖》（武漢：湖北美術出版社，2002 年 3 月）於「余初學」下亦有「先寫壁」三字（頁 185），似與此帖前段文字相混淆，甚可怪也，未見原拓，不敢妄斷，然考宋·米芾：《寶晉英光集》（臺北：藝文印書館，1966 年（未記月）百部叢書集成據涉聞梓舊本影印），「先寫壁」三字屬前一段文字，（卷 8，頁 4a～4b）文義較通，故以東京國立博物館者為據。

圖 5-26：北宋・米芾〈虹縣詩〉局部

取自：東京国立博物館、毎日新聞社、NHK、NHK プロモーション編集：《特別展「書聖 王羲之」》（毎日新聞社、NHK、NHK プロモーション，2013 年 1 月），頁 185。

「大字」為米芾注意之重心之一，此件作品（〈自敘帖〉）每頁縱寫三字，橫僅兩行，即為大字書作，從此角度去思索，米芾先寫顏書大字，慕柳公權書體緊結，係因所書大字過於鬆散，以為學習柳書可克服大字鬆散之問題，但未能解決，於是轉而學習歐體，目的是欲得緊結之要領。然後再學褚、段季、〈蘭亭序〉等等，最後雖然契入了魏晉平淡書風，然則，書寫大字之初衷似未交代，是以學習師宜官〈劉寬碑〉及鐘鼎篆籀等等。〈劉寬碑〉應為米芾書寫大字的關鍵元素；其次，增之以「竹簡以竹聿行漆」之法，前者使大字結密，後者使米芾墨色有大膽的飛白，米芾自稱「刷字」是也。

飛白的表現也是從八分書來，唐・張懷瓘《書斷》載：

> 案：飛白者，後漢左中郎將蔡邕所作也。王隱、王愔並云：「飛白變楷製也。」本是宮殿題署，勢既徑丈，字宜輕微不滿，名為「飛白」。王僧虔云：「飛白，八分之輕者。」雖有此說，不言起由。按：漢靈帝熹平年詔蔡邕作〈聖皇篇〉，篇成，詣鴻都門，上時方修飾鴻都門，伯喈待詔門下，見役人以堊帚成字，心有悅焉，歸而為飛白之書，漢末魏初並以題署宮閣。〔註194〕

飛白書可作為宮殿題署，而且可寫到「徑丈」的尺寸，而名之為「飛白」，實是因為八分書的筆勢鋪豪所致，是以王僧虔稱飛白書為八分之輕者，創始者即為蔡邕，創發的靈感是「役人以堊帚成字」，「堊帚」猶今日之油漆刷，此亦為米芾「刷字」由來之一端，米芾以「刷字」自稱，對於自己的大字表現甚有自信。至於米芾所稱〈劉寬碑〉之作者師宜官，《書斷》載：

> 師宜官，南陽人。靈帝好書，徵天下工書於鴻都門至數百人，八分稱宜官為最，大則一字徑丈，小乃方寸千言，甚矜其能。〔註195〕

師宜官之品位在妙品，雖然不如蔡邕名列神品，然則擅長於大字，這正是米芾所欲突破的，以此回視前舉米芾〈自敘帖〉，不難發掘米芾對於突破山陰棐几只能作小字之困境思索。

〈劉寬碑〉在宋代頗有記載，可謂名碑，但一般並不認為是師宜官所書。漢碑書法不是宋人書學研習之重點，但金石之學卻受到廣泛之注意，〈劉寬碑〉之記載，更可溯自唐代歐陽詢之《藝文類聚》，云：

〔註194〕唐・張彥遠：《法書要錄》（洪本），卷7，頁196。
〔註195〕唐・張彥遠：《法書要錄》（洪本），卷7，頁196。

後漢桓麟〈太尉劉寬碑〉曰：「公誕，受純和之氣，體有樂道寧儉之

性，疾雕飾，尚樸素，輕榮利，重謙讓。……」〔註196〕

以後漢之桓麟（？～148？）爲〈劉寬碑〉之作者，而非米芾所稱的師宜官，

這裡探討其文字內容，用資考證劉寬之性情或朝廷事件，而非書法，茲不贅。

宋人之記錄尚有如趙明誠《金石錄》，載：

第一百八十一漢太尉劉寬碑。中平二年三月。〔註197〕

中平二年（185）爲東漢靈帝時期，當時東漢八分書的筆法已經非常成熟，同

年有《曹全碑》傳世，次年則有〈張遷碑〉，均爲漢隸八分書之傑作。《東觀

餘論》則云：

漢太尉〈劉文饒碑〉二，故吏李謙等立。……蓋以是碑爲蔡中郎書，

故名焉。……予官洛五年，每過上東，必徘徊碑下，想文饒之高風，

玩中郎之妙楷。〔註198〕

「劉文饒」即劉寬，「文饒」爲其字，〔註199〕據此可知，宋人以爲此碑爲蔡邕

所書，前述《書斷》載，蔡邕爲八分之創始人，位階神品，〈劉寬碑〉精妙且

負有盛名，宋人因而以爲書者爲蔡邕，精鑑如黃伯思者也同意。

然則此碑並沒有明確的作者，〔註200〕是以後人不無疑者。而米芾謂以爲

此碑爲師宜官所做，恐因師宜官書法特色之緣故。〈劉寬碑〉的搨本筆者無緣

見到，宋·洪适《隸釋》所載有〈太尉劉寬碑〉、〈劉寬後碑〉兩碑碑文，且

皆載碑陰，洪适云：

兩碑遣文頗相犯，字畫又不相遠。〔註201〕

稱兩碑之字畫相近，《金石錄》：亦云「字體則同也。」〔註202〕今傳宋人劉球

〔註196〕唐·歐陽詢：《藝文類聚》，董治安主編：《唐代四大類書》（北京：清華大學
出版社，2003年11月，冊2以1959年中華書局影印南宋紹興刻本爲底本，
並據胡刻本、汪紹楹句讀本修補），卷46，頁1072。

〔註197〕宋·趙明誠：《宋本金石錄》（北京：中華書局，1991年1月），卷1，頁23。

〔註198〕宋·黃伯思：《宋本東觀餘論》（北京：中華書局，1988年8月），下卷，頁
248～249。

〔註199〕宋·洪适：《隸釋》（北京：中華書局2003年12月古代字書集刊本）載〈太
尉劉寬碑〉文云：「公諱寬，字文饒，弘農華陰人。」（卷11，頁124。）據
此故云。

〔註200〕宋·歐陽棐：《集古錄目》「劉寬碑」條載：「右漢隸，不著書撰人名。」（收
入宋·洪适：《隸釋》，北京：中華書局2003年12月古代字書集刊本），卷
23，頁240。

〔註201〕宋·洪适：《隸釋》，卷11，頁125。

〔註202〕宋·趙明誠：《宋本金石錄》（北京：中華書局，1991年1月），卷18，頁420。

《隸韻》（1157）一書收有〈劉寬碑〉字（圖 5-27，「鐘」字例有〈劉寬碑〉），〔註203〕雖經清人重摹，〔註204〕僅存梗概，或是借窺一二僅有之途徑。整體而言，〈劉寬碑〉字形稍偏正方而不扁，在造型上也頗具特色，宜為典型之漢碑。

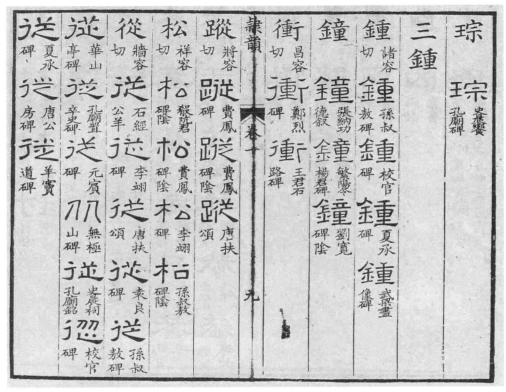

圖 5-27：南宋・劉球《隸韻》選頁

取自：南宋・劉球：《隸韻》（北京：中華書局，1989 年 11 月），卷 1，頁 15。

　　米芾有八分書流傳（圖 5-28），足以證明用力甚深。在用筆上，米芾是以二王筆意為主，在入筆時藏鋒，但卻不完全逆入（只有橫畫逆入，直畫或撇畫通常都沒有完成，試看「怪」、「造」兩字），故不能以清人的「逆入平出」之角度詮釋，而清人的「雁不雙飛」也不適用，如「變」字有三個雁尾，顯

〔註203〕 宋人字書收有此碑者尚有如婁機《漢隸字源》，然據翁方綱考證，「所收漢隸，實沿此而稍附益之」（翁方綱：〈重刻淳熙《隸韻》序〉，宋・劉球：《隸韻》，北京：中華書局，1989 年 11 月，頁 1。）

〔註204〕 此書〈出版說明〉中稱：「據影宋石刻本影印出版」（宋・劉球：《隸韻》，北京：中華書局，1989 年 11 月，無頁碼）實已經清人重刻，翁方綱：〈重刻淳熙《隸韻》序〉：「今翰林秦君敦夫彙得十卷，厚菴醵使鳩工精勒。」（頁 1）據此故云。

然不是米芾所在意的。米芾學習漢隸的目的並非表現隸書，他清楚的知道自己所追求的是魏晉平淡之趣，學習漢隸乃爲探索魏晉筆意之源頭，卻獲致拓而大之的筆法，恐是本人始料未及。米芾在大字行書（如米芾〈虹縣詩〉）入筆處多藏鋒，改造了王羲之「側筆取妍」的弱勢，而且筆畫線條的中段更爲充實豐富，飛白處仍有節奏，如〈虹縣詩〉所揭「事」字中豎鉤，鉤處直推是隸書寫法，顯然與〈永字八法〉之「趯」法不同，此字與〈蘭亭序〉「情隨事遷」之「事」字（圖 5-29）相近，兩相比較，米芾之隸書筆意躍然。

圖 5-28：南宋·高宗《紹興米帖》所刻米芾隸書局部

取自：中國法帖全集編輯委員會編：《中國法帖全集 5》（武漢：湖北美術出版社，2002 年 3 月），頁 273。

圖 5-29：東晉·王羲之〈蘭亭序〉「事」字例

取自：佚名：《王羲之書法字典》（臺北：藍燈文化事業股份有限公司，1996 年 5 月），頁 284。

　　在造型方面也可以見到米芾以表現行書爲主的書寫意識，如「縱」字右旁之「從」字，「彳」之寫法並罕見於宋人所見之漢碑（參圖5-28：南宋・劉球：《隸韻》選頁），且首筆變爲一點顯爲行草書寫意識，「從」之右邊寫成四個「人」字，亦爲《隸韻》所收「從」字寫法所不見，實爲楷書寫法（《隸韻》「從」字字頭），但「恇」、「起」、「洪」三字造型爲漢碑所習見，卻未必爲〈劉寬碑〉所有，可知，米芾師法漢碑間及篆隸，實非僅劉寬一兩碑而已。又，以此回視米芾行書之表現，所臨王羲之諸帖之所以敢大膽的在線條粗細上作強烈的對比，漢隸養分的挹注不可忽略，引而申之，米芾「平淡天眞」實與王羲之異趣。

　　綜合上述，可知米芾藉由東漢八分隸書的學習，有效的將魏晉書法展大，在宋人尚意書風中有出色的表現，這是在考索王羲之書派衍嬗時不可忽略的。

第六章　南宋書學對王羲之書法的理解與詮釋

　　宋欽宗靖康 2 年（1127），徽宗與欽宗被金國廢黜並被擄到北方，北宋滅亡，同年 5 月 1 日，康王趙構在南京重建宋室，改元建炎，南宋立國。建炎 3 年（1129），宋室南渡，紹興 1 年（1131），南宋朝廷宣示「大宋受命中興之寶」，紹興 8 年（1138），建都臨安，紹興 11 年（1141）宋室與金國達成協議，形成偏安局勢。

　　偏安局勢與東晉王羲之時代有若干相近，在書法表現上呢？這是個值得探討的議題。

第一節　趙構書法與理論兼具

　　南宋的書法局勢首先注意的是高宗趙構，他身為南宋第一位皇帝，慨然有光大書學之志，與前述唐太宗、宋太宗一般，不但十分重視書法活動，而且亦以王羲之書法為宗，對南宋書壇影響很大，而宋高宗更有較前述二人更為完整的書法論述流傳，不僅皇帝有書論，南宋時期對於王羲之書法頗多論述，增添王羲之書法的學術色彩。

一、學書歷程

　　高宗自幼年即學書，不僅受到父親徽宗的影響，更是趙宋的傳統，趙構云：

> 一祖八宗皆喜翰墨，特書大書，飛白分隸，加賜臣下多矣。余四十
> 年間，每作字，因欲鼓動士類，爲一代操觚之盛。〔註1〕

所謂的「一祖八宗」即北宋太祖、太宗、眞宗、仁宗、英宗、神宗、哲宗、徽宗、欽宗等，意指趙宋皇帝均喜翰墨，已然成爲傳統，而趙構爲一代君主，更思鼓舞知識份子重視書法。而高宗好翰墨，不僅時常研習，甚至可謂著迷，嘗云：

> 凡五十年間，非大利害相妨，未始一日舍筆墨。〔註2〕

五十年來不輕易放下筆墨，這樣重視的程度，眞可謂念茲在茲。而趙構的書法學習之路，初期與其父親徽宗趙佶相同，都以黃庭堅爲師法對象，樓鑰云：

> 高宗皇帝自履大位，時當艱難，無他嗜好，惟以翰墨自娛。始爲黃
> 庭堅書，改用米芾，動皆逼眞。至紹興初，專仿二王，不待心摹手
> 追之勤，而得筆意，楷法益妙。〔註3〕

面對偏安的局面，對金國的「偷安忍恥」，甚至「匿怨忘親」，〔註4〕唯獨以翰墨自娛，情寄筆墨而用力日深，是以頗得書法三昧。而其書法取法先後爲黃庭堅、米芾，在此基礎上學習二王，已經不待心摹手追便能得二王筆意，因黃、米等人對二王多所承襲。關於高宗趙構的學習書法歷程值得一提的是對於孫過庭的取法，楊萬里（1127～1206）《誠齋詩話》載：

> 高宗初作黃字，天下翕然學黃字。後作米字，天下翕然學米字。最
> 後作孫過庭字，故孝宗、太上皆作孫字。〔註5〕

相同的是先黃再米，又可見身爲帝王影響之大，而師法孫過庭乃因其爲墨跡傳本，且爲眞跡，若著眼於眞跡，孫過庭的書法步趨二王，以眞跡流傳，曾被米芾評爲「凡唐草得二王法，無出其右。」〔註6〕是學習二王值得一參的典

〔註1〕 宋・趙構：〈翰墨志〉（臺北：世界書局，1992 年 10 月藝術叢編第一集），頁 88。

〔註2〕 宋・趙構：〈翰墨志〉，頁 87。

〔註3〕 宋・樓鑰：《攻媿集》（北京：中華書局，1985 年叢書集成初編本），卷 69，頁 932。

〔註4〕 兩引號成語均取自元・脫脫等撰：《宋史・高宗本紀》，卷 32，頁 84。

〔註5〕 宋・楊萬里，《誠齋詩話》，收入丁福保輯，《歷代詩話續編》（上）（臺北：木鐸出版社，1983 年 9 月），頁 145～146。

〔註6〕 黃正雨、王心裁輯校：《米芾集・書史》（武漢：湖北教育出版社，2002 年 5 月），頁 128。

範，高宗由此上追二王，〔註7〕也是受到米芾的影響。

　　由上述可知，高宗的書法並非以二王爲基礎，而是先學黃庭堅，樓鑰《攻媿集》載：

> 高宗皇帝垂精翰墨，始爲黃庭堅書，今〈戒石銘〉之類是也。僞齊
> 尚存，故臣鄭億年備密奏：「（劉）豫方使人習庭堅體，恐緩急與御
> 筆相亂。」遂改米芾字，皆奪其眞。〔註8〕

〈戒石銘〉乃黃庭堅所書，高宗好黃庭堅而頒佈命令，影響極大。〔註9〕而高宗之黃庭堅體勢，今仍可見如〈佛頂光明塔銘〉之類。〔註10〕因僞齊劉豫也使人學習黃庭堅體，群臣擔心皇帝之書跡被僞造，因此高宗改習米芾，此乃其因之一，另岳珂《寶眞齋法書贊・米元章書簡帖下》載有其他因素，云：

> 中興初，思陵以萬機之暇，垂意筆法，始好黃庭堅書，就戒石之銘
> 以頒，而方國之箋，遂皆似之。後復好公書，以其子敷文閣直學士
> 友仁侍清燕，而宸翰之體遂大變，追晉輔唐。〔註11〕

「戒石之銘」即〈戒石銘〉，再次驗證宋高宗「始好黃庭堅」的說法，岳珂披露高宗轉而學米的原因不僅是爲了區隔僞齊劉豫，還有主觀的喜好與優勢，亦即以米芾之子米友仁爲敷文閣直學士，可於閒暇時隨時討論，高宗因而體勢大變，一改黃庭堅體勢。然則高宗並不以此爲滿足，想進一步直上追晉唐，因爲他發現米芾書作所以精彩，並不僅在表相上，更在其表相之下蘊含的眞功夫，〈翰墨志〉云：

> 然喜效其（按：指米芾）法者，不過得外貌，高視闊步，氣韻軒昂，
> 殊不究其中本六朝妙處醞釀，風骨自然超逸也。昔人謂支遁道人愛
> 馬不韻，支曰：「貧道特愛其神駿耳。」余於米字亦然。〔註12〕

〔註7〕　孫過庭〈書譜〉在唐人眼中評價不高，到宋代米芾才肯定它的價值，成爲師
　　　　法二王重要的典範，米芾、宋高宗均有所涉獵，說見拙論：〈論中國歷代對孫
　　　　過庭〈書譜〉的評價與詮釋〉，《逢甲人文社會學報》第20期（2010年6月），
　　　　頁149～153。
〔註8〕　樓鑰：《攻媿集》卷69。
〔註9〕　見於宋・李心傳：《建炎以來繫年要錄》卷55，「紹興二年六月」條。
〔註10〕　見於劉正成主編：《中國書法全集・第40卷》（北京：榮寶齋出版社，2000
　　　　年5月），頁51。
〔註11〕　宋・岳珂：《寶眞齋法書贊》（臺北：世界書局，1962年11月藝術叢編第一集），
　　　　卷19，頁276～277。
〔註12〕　宋・趙構：〈翰墨志〉（臺北：世界書局，1992年10月藝術叢編第一集），頁
　　　　89。

宋高宗以為當世學米的書家，不過得米之外貌而已；而米芾的作品所以神氣昂揚，乃因其中富有六朝書家的深刻內涵在焉，因而風骨自然超逸，用支遁愛馬的典故比喻，自己所心儀的是米字的神韻，而非字形。

雖然南宋經靖康之難後，內府收藏書法名跡已經大不如北宋。〔註13〕然則高宗之所以能察知米芾深刻的內涵，其為皇帝之優勢是應當考慮的。

二、「追晉轢唐」之書法關懷

宋高宗從米芾、甚至米友仁學習而「追晉轢唐」，身為皇帝有豐富的資源，因而有多方臨習的機會，宋高宗就因為有帝王的優勢，發掘米芾背後的六朝神韻，繼而放下米芾，企圖超越唐人，直追晉人。

（一）神形兼備的師古手段

宋高宗於〈翰墨志〉中云：

> 余自魏晉以來至六朝筆法，無不臨摹。或蕭散，或枯瘦，或遒勁
> 而不回，或秀異而特立，眾體備於筆下，意簡猶存於取捨。〔註14〕

自稱從魏晉以來的六朝筆法，無不臨摹，可說博採六朝以來諸家之書法，就岳珂《寶真齋法書贊》所載，即有臨習皇象〈如鷹帖〉、劉超〈如命帖〉、劉恢〈思慕帖〉、衛恆〈往來帖〉，與王羲之的〈鄉里帖〉、〈小差帖〉、〈嘉興帖〉，王操之〈舊京帖〉，古法帖〈鵲等帖〉、〈四皓帖〉等 10 種，〔註15〕其臨摹功力深厚，非僅對黃、米「動皆逼真」，於魏晉法帖亦然，岳珂云：

> 〈如命帖〉真跡一卷，帖出祕閣，今書與閣本殆不別，蓋益見天筆
> 之妙。〔註16〕

臨習劉超〈如命帖〉到了與閣本不別的境界，雖然對於皇室之書，難免有溢美之嫌，然可見高宗對於書法的學習重視「形神兼備」，這顯然和北宋諸家著重於己「意」的發揮大不相同，此與蘇軾臨〈漢時講堂帖〉的表現及黃庭堅「學書不盡摹」的師法態度完全不同，亦與米芾重視自我筆意的發揮不同，

〔註13〕 方愛龍指出：「內府所藏和民間私傳的前代書法終究與北宋時期相差太甚。」，
方愛龍：〈南宋書法發展的三個歷史階段〉，《中國書法》總 211 期（2010 年
11 月），頁 45。
〔註14〕 宋・趙構：〈翰墨志〉，頁 87。
〔註15〕 宋・岳珂：《寶真齋法書贊》，卷 3，頁 30～35。
〔註16〕 宋・岳珂：《寶真齋法書贊》，卷 3，頁 31。

高宗致力於與原跡不別的學習方式，「神形兼備」的師古手段顯示南宋立國後即走上不同於北宋的書法道路。

　　然則「神形兼備」卻非易事，首先需要確定的是怎樣的筆跡才是右軍的「神形」，宋高宗亦曾躊躇於此，云：

> 法書中，唐人硬黃自可喜，若其餘，紙箚俱不精，乃託名取售。然右軍在時，已苦小兒輩亂真，況流傳歷代之久，贗本雜出，固不一幅，鑒定者不具眼目，所以去真益遠。〔註17〕

在法書中，宋高宗最相信的還是墨跡本，不能見到王羲之原跡，至少應取法唐人摹本，宋高宗清楚右軍書跡的狀況，即便是王羲之在世時已經被模仿不少了，而經過數百年流傳，贗本雜出，因此對於唐人硬黃摹本有較高的信賴。

（二）以筆法為中心的追索

　　宋高宗對於王羲之的追索，以為獲致神形兼備的手段在於筆法，他曾臨習王羲之的〈鄉里帖〉，並有題記云：

> 唐太宗評羲之書如蛇蠖，若此等者皆是，蓋羲之為悟法書鵝頸之間，故轉折如蛇蠖相似，縈紆委曲，不止筆法，亦有腕法存焉。（楷書五行）〔註18〕

此段文字為高宗趙構以楷書題寫於王羲之〈鄉里帖〉後。〈鄉里帖〉刻入《淳化閣帖》中，今多稱〈里人帖〉〔註19〕（圖 6-1）。從這件作品的題記中略可察知高宗趙構心中的王羲之典型，首先高宗引蛇蠖之說喻示王羲之筆法，認為王羲之從「鵝頸」中領悟到筆法，這和蛇蠖是相同的──都是縈紆委曲，轉折之處特別婉轉流暢，呈現圓潤飽滿的風姿；其次，高宗認為要達到這般技巧，還須講究手腕的技巧。

　　若從「鵝頸」、「蛇」、「蠖」等動物的活動中得到的意象來觀察，此為優美的書風應是無可置疑的。

〔註17〕宋・趙構：〈翰墨志〉（臺北・世界書局，1992 年 10 月藝術叢編第一集），頁 87。

〔註18〕宋・岳珂：《寶真齋法書贊》，卷 3，「晉王羲之鄉里帖」條下，頁 32。

〔註19〕因帖首「近因鄉里書」後人或釋為「近因得里人書」，將「鄉」改釋為「得」，故改以「里人帖」為名。

圖 6-1：東晉‧王羲之《淳化閣帖‧里人帖》

取自啓功主編：《中國法帖全集‧第一冊‧宋淳化閣帖‧卷6》（2002年3月影印麓村藏本（安思遠本）），頁 117～118

（三）真草相兼的美感興會

前述高宗臨王羲之〈鄉里帖〉，帖本是草書，高宗的題記緊鄰臨書之後，卻是楷書，而非行書，這與一般的以行書題記的習慣並不相同，可以想見，這是一件草書與楷書併陳的作品，雖然未見高宗此作原跡，但岳珂之記不應輕易懷疑。不禁令人懷疑高宗對於「真草」是否有獨特的喜好？相關的前代典範，非智永的〈真草千字文〉莫屬，高宗曾得一本，〈翰墨志〉云：

> 智永禪師，逸少七代孫，克嗣家法。居永欣寺閣三十年，臨逸少真草〈千文〉，擇八百本，散在浙東。……善保家傳，亦可重也，余得其〈千文〉藏。[註20]

〔註20〕 宋‧趙構：〈翰墨志〉（臺北：世界書局，1992年10月藝術叢編第一集），頁91～92。

高宗認爲智永爲王羲之七世孫，能繼承家法，所書〈千字文〉爲「臨逸少」書（具有不同於今日的著作權觀念〔註21〕），克紹家法，頗得高宗重視，此爲眞草並列，蓋智永僧人，以佛法爲念，散在浙東諸寺之意在於抄經，實用意味大於書法表現，卻具有獨特之美感，受到高宗重視，〈翰墨志〉又云：

> 前人多能正書而後草書，蓋二法不可不兼有。正則端雅莊重，結密得體，若大臣冠劍，儼立廊廟；草則騰蛟起鳳，振迅筆力，穎脫豪舉，終不失眞。所以齊高帝與王僧虔論書，謂：「我書何如卿？」僧虔曰：「臣正書第一，草書第三；陛下草書第二，而正書第三。是臣無第二，陛下無第一。」帝大笑。故知學書者必知正草二體，不當闕一。所以鍾、王輩皆以此榮名，不可不務也。〔註22〕

高宗考察前賢名家，以爲正書與草書二者必須相兼，不可缺一，這正是鍾繇、王羲之一路的傳統，因此宋高宗特別著重此二種書體之書寫，現存〈眞草千字文〉（圖6-2）、〈嵇康養生論〉〔註23〕等書跡傳世。主張楷書當「端雅莊重，結密得體」，並以大臣盛裝、威嚴站立於廊廟爲喻；草書則須「騰蛟起鳳，振迅筆力」，講究速度感與渾厚活潑的意象。

　　高宗對於眞草二體的偏愛如此，這又可爲前述楊萬里《誠齋詩話》中所載的「作孫過庭字」作另一註腳，蓋孫過庭〈書譜〉理論中也特別著重眞草二體，且有十分深刻的論述，宋高宗〈翰墨志〉有取於此，誰曰不宜？〔註24〕

〔註21〕　前述宋高宗云：「唐太宗評羲之書如蛇蠖」，不知所本爲何，今所見唐太宗之評論王羲之最重要的乃是《晉書・王羲之傳・贊》中鳳翥龍蟠之說，未見蛇蠖之說；又此以智永之〈千字文〉爲王羲之書臨本，王羲之書眞草千字文未見流傳。可見宋高宗對於「作者」的概念顯然與今日不同，他是以該領域的典範爲代言人，並非原作者。

〔註22〕　宋・趙構：〈翰墨志〉（臺北：世界書局，1992年10月藝術叢編第一集），頁88。

〔註23〕　〈嵇康養生論〉見於清・梁詩正等編：《三希堂法帖（附釋文）》（杭州：浙江古籍出版社，1997年11月），頁116～125。

〔註24〕　宋高宗〈翰墨志〉有云：「若楷法既到，則肆筆行草間，自然於二法臻極，煥手妙體，了無關軼。……草書之法……以精神之運，識思超妙，使點畫不失眞爲尚。」與孫過庭〈書譜〉：「草不兼眞，殆於專謹；眞不通草，殊非翰札，眞以點畫爲形質，使轉爲情性；草以點畫爲情性，使轉爲形質。草乖使轉，不能成字；眞虧點畫，猶可記文。回互雖殊，大體相涉。」有相通之處，但並不全同，至於其間的繼承與發揮，與本題題旨相去較遠，故暫不具論。

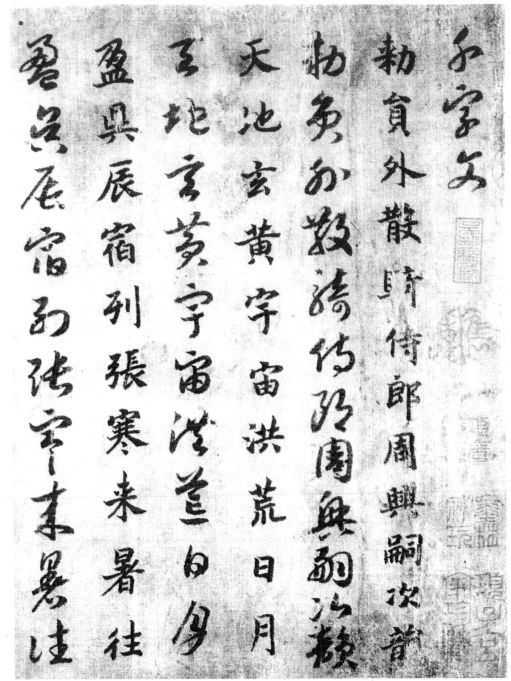

圖 6-2：宋・高宗〈眞草千字文〉局部

取自劉正成主編：《中國書法全集・第 40 卷》（北京：榮寶齋出版社，2000 年 5 月），頁 82。

（四）行書歸宗於〈蘭亭敘〉

宋高宗對於眞草二體有獨特的喜好，對行書亦頗有興趣，此由前引〈翰墨志〉中對於鍾、王榮名之書作即可窺知一二，楷書講求「八法皆備」〔註25〕，講究端莊謹飭，草書則「用以趨急速」貴奮迅以省時，眞草兩體乃日常書寫的兩端，其中則是行書，「行書」可說是融合楷草二體，宋高宗有云：

> 士人作字，有眞、行、草、隸、篆五體。往往篆、隸自成一家，眞、
> 行、草自成一家者，以筆意本不同，每拘於點畫，無放意自得之蹟，
> 故別爲戶牖。〔註26〕

眞行草筆法有相通之處，亦爲鍾、王所擅，故高宗亦未偏廢，其先前取法的黃庭堅、米芾等人均以行書知名於時，而宋高宗最喜〈蘭亭〉，有云：

> 至若〈禊帖〉，則測之益深，擬之益嚴。姿態橫生，莫造其原，詳觀
> 點畫，以至成誦，不少去懷也。〔註27〕

此段在〈翰墨志〉開頭中緊接於其「眾體備於筆下，意簡猶存於取捨」後，昭示對〈蘭亭敘〉的崇拜之情，因爲宋高宗發現此帖內涵豐富，深不可測，於是不斷臨摹學習，乃至於成誦。宋高宗又云：

> 唐何延年謂右軍永和中，與太原孫承公四十有一人，修被禊，擇毫
> 制序，用蠶繭紙，鼠鬚筆，遒媚勁健，絕代更無。凡三百二十四字，
> 有重者皆具別體，就中「之」字有二十許，變轉悉異，遂無同者，
> 如有神助。及醒後，他日更書數百千本，終不及此。余謂「神助」
> 及「醒後更書百千本無如者」，恐此言過矣。右軍他書豈減〈禊帖〉，
> 但此帖字數比他書最多，若千丈文錦，卷舒展玩，無不滿人意，輒
> 在心目不可忘。非若其他尺牘，數行數十字，如寸錦片玉，玩之易
> 盡也。〔註28〕

對於〈蘭亭敘〉的喜愛，乃因其變化多端，而且姿態橫生，尤其字數多達324字，較之右軍其他書作，〈蘭亭〉是「千丈文錦」，尺牘只是「寸錦片玉」，因此顯得分外巨大，有賞玩無盡的樂趣在。

〔註25〕 宋・高宗：〈翰墨志〉：「過於書法，必先學正書者，以八法皆備，不相附麗。」
（頁90）。

〔註26〕 宋・高宗：〈翰墨志〉，頁89。

〔註27〕 宋・高宗：〈翰墨志〉，頁87。

〔註28〕 宋・高宗：〈翰墨志〉，頁91。

綜上所論，南宋高宗對於王羲之書法的悟入曲折：先在父親徽宗的影響之下學習黃庭堅書法，因偽齊劉豫也學習黃書，故高宗轉學習米芾，發現米芾的精彩之處不在表象，乃在其背後身後師法古人的功夫，因而「追晉轢唐」，挾其皇室之優越條件，師法晉唐名跡。

宋高宗師法晉唐名跡採取的策略是「神形兼具」，因重視筆法，故而十分講究真跡，對孫過庭〈書譜〉、智永〈真草千字文〉均下過相當的功夫，而以為真草相間具有特殊的美感，因而特別書寫，且刻意臨仿得神形兼具。高宗衷心臣服於王羲之書法，以帝王之姿引領天下，已見尚意書風式微之象。

第二節　南宋書法理論中的王羲之書法

南宋初，有宋高宗力圖振興書壇，雖然高宗心追手摹，甚至到達逼真的程度，但這乃是其為皇室之優越為其基礎，整體而言，南宋為書法較無表現的時期，有如宋高宗〈翰墨志〉云：

> 本朝士人，自國初至今，殊乏以字畫名世，縱有不過一二數，誠非有唐之比。然一祖八宗皆喜翰墨，特書大書，飛白分隸，加賜臣下多矣。余四十年間，每作字，因欲鼓動士類，為一代操觚之盛。以六朝居江左皆南中士夫，而書名顯著非一。豈謂今非若比，視書漠然，略不為意？果時移事異，習尚亦與之汙隆，不可力回也。〔註29〕

宋代皇室均重視書法，頗有發揮，已經具有書法傳統，而宋高宗更自我期許，雖然是偏安的局勢，以為六朝時居江南的知識份子都有書名，應當仍有可為。不過，時勢顯然比人強，只嘆「時移事異，習尚亦與之汙隆，不可力回也。」誠然，宋代書法表現的成就不如唐代，但絕非一無是處，本節試從書法理論詳加析論。

一、姜夔講求「真態」

姜夔〈續書譜〉所續的就是孫過庭的〈書譜〉，孫過庭的〈書譜〉是王羲之的代言人，當然，其中不乏初唐時期之觀點，獨尊王羲之書，重視規矩等，而姜夔〈續書譜〉從體例上就有別於〈書譜〉，因此也就明晰了宋人觀點。

〔註29〕 宋‧高宗：〈翰墨志〉，頁88。

〈續書譜〉云：

> 眞書以平正爲善，此世俗之論，唐人之失也。古今眞書之神妙，無
> 出鍾元常，其次則王逸少。今觀二家之書，皆瀟灑縱橫，何拘平
> 正。……翶歐、虞、顏、柳，前後相望，故唐人下筆應規入矩，無
> 復魏、晉飄逸之氣。〔註30〕

以爲唐代書法家，把楷書寫得平正了，這不符合鍾繇、王羲之的風格，唐代
是有實用背景要求的，是以規矩森嚴，然則細藏變化，在姜夔的眼中看來仍
是平正，是以歐陽詢、虞世南、褚遂良、顏眞卿、柳公權一脈而下的應規入
矩，完全喪失魏晉書法飄逸的本質，對於書法表現有更激烈的要求。在他看
來，應當「盡字之眞態」：

> 魏晉書法之高，良由各盡字之眞態，不以私意參之耳。〔註31〕

所謂「字之眞態」指的是：「或喜方正，極意歐、顏；或者惟務勻圓，專師虞、
永。或謂體須稍扁，則自然平正，此又有徐會稽之病；或云欲其消散，則自
不塵俗，此又有王子敬之風。豈足以盡書法之美哉？」〔註32〕因此，姜夔以
爲每個字都有其特殊的情態與美感，不應當繩以規律，而其標準則爲鍾、王，
云：

> 大令以來，用筆多失，一字之間，長短相補，斜正相挂，肥瘦相混，
> 求妍媚於成體之後，至於今尤甚焉。〔註33〕

意謂王獻之以後，都過於造作，刻意調整長短、斜正、肥瘦，目的是讓每個
文字書寫完成後顯得妍美，姜夔以爲筆畫各自有其眞態，應當使各足之，由
前述可知，這個「眞態」，只的就是鍾、王楷書的典範。

　　因此，姜夔將楷書的書寫視野從個別字的妍美，轉化到基礎的點畫，由
此而使各自盡其「眞態」，這樣的詮釋角度乃是試圖脫離楷書文字方塊（實用）
的標準，有云：「良由唐人以書判取士，而士大夫字書類有科舉習氣。顏魯公

〔註30〕上海書畫出版社、華東師範大學古籍整理研究室編選點校：《歷代書法論文
　　　　選》，頁384。

〔註31〕上海書畫出版社、華東師範大學古籍整理研究室編選點校：《歷代書法論文
　　　　選》，頁384～385。

〔註32〕上海書畫出版社、華東師範大學古籍整理研究室編選點校：《歷代書法論文
　　　　選》，頁385。

〔註33〕上海書畫出版社、華東師範大學古籍整理研究室編選點校：《歷代書法論文
　　　　選》，頁385。

作〈干祿字書〉是其證也。」〔註34〕反以〈干祿字書〉爲世俗之俗，而非「眞」矣，大異於「羲之俗書趁姿媚」的盛唐時期，雅俗消長，權衡可見，這是宋人尚意書風的表現。

而在規矩方面，最重視歐陽詢書，姜夔〈續書譜〉云：

> 歐陽率更結體太拘，而用筆特備眾美，雖小楷而翰墨灑落，追踵鍾、
> 王，來者不能及也。〔註35〕

歐陽詢是前述應規入矩之列，此係因其結體之故，用筆則「特備眾美」，尤其小楷十分灑落，爲能繼鍾、王之一人，這是姜夔個人主觀的體會。姜夔的小楷步驅歐陽詢，還神形兼備，這是一種主觀美感的錯置，因爲姜夔認定鍾王的小楷是屬於方筆的，就像歐陽詢表現的那般，是故特別投契，故而他本身專擅小楷，所見幾件作品都散發出歐陽詢嚴整的氣息（如圖 6-3），歐陽詢的筆意非常明顯。

草書方面，姜夔〈續書譜〉云：

> 草書之體，如人坐臥行立，揖遜忿爭，乘舟躍馬，歌舞擗踴，一切
> 變態，非苟然者。又一字之體，率有多變，有起有應，如此起者，
> 當如此應，各有義理。右軍書「羲之」字、「當」字、「得」字、「深」
> 字、「慰」字最多，多至數十字，無有同者，而未嘗不同也，可謂從
> 欲不逾矩矣。〔註36〕

與其闡述楷書的意念一貫，以爲草書字體與日常生活的各種動作相似，都是有其內在蘊含的道理，舉王羲之法帖中最多的「羲之」、「當」、「得」、「深」、「慰」等字，認爲每次的書寫外形均不同，但均有其內在的規矩，是以草書的學習應先循規矩，有云：

> 大凡學草書，先當取法張芝、皇象、索靖、章草等，則結體平正，
> 下筆有源。然後仿王右軍，申之以變化，鼓之以奇崛。〔註37〕

〔註34〕 上海書畫出版社、華東師範大學古籍整理研究室編選點校：《歷代書法論文選》，頁384。

〔註35〕 上海書畫出版社、華東師範大學古籍整理研究室編選點校：《歷代書法論文選》，頁386。

〔註36〕 上海書畫出版社、華東師範大學古籍整理研究室編選點校：《歷代書法論文選》，頁386。

〔註37〕 上海書畫出版社、華東師範大學古籍整理研究室編選點校：《歷代書法論文選》，頁386～387。

然漢謝君墓甎云元和三年五月甲戌朔謝君造此墓甎又武

陽城東彭亾山之巔石窟中有漢帝建初二年張氏題識三

所洪氏隸釋云此六理銘之椎輪也其不始於南朝明矣　或

謂東坡金蟬墓銘云百世之後陵谷易位知其為蘇子之保母

尚勿毀也此末章似之為可疑乎謂東坡意其理之或然大令

知其鑿之必然作者之言自應相延近越人於地中得一石有詩六

笑椎畫鼓過江東身到蓬萊第一峰坐看海雲迎日出千山渾

圖 6-3：宋・姜夔〈跋王獻之保母帖〉局部

取自白立獻、陳陪站編：《歷代小楷精選》（鄭州：河南美術出版社：2011
年 6 月），頁 58。

先以平正的草書爲基礎，進一步再學習王羲之法帖，使書寫更多變化，此與孫過庭先平正後險絕相近，是知王羲之草書乃其典範；行書亦同，云：

> 〈蘭亭記〉及右軍諸帖第一，謝安石、大令諸帖次之，顏、柳、蘇、米亦後世可觀者。〔註38〕

以王羲之書法爲最佳典範，但也對其他名家發表意見，雖不乏主觀，但總是具有鑑賞的精神。王羲之的眞跡有限，當時流行的〈蘭亭序〉，姜夔有一番獨特的詮釋，「臨摹」條載：

> 世所有〈蘭亭〉，何啻數百本，而定武爲最佳。然定武本有數樣，今取諸本參之，其位置、長短、大小，無不一同，而肥瘠、剛柔、工拙要妙之處，如人之面，無有同者。以此知定武雖石刻，又未必得眞跡之風神矣。字書全以風神超邁爲主，刻之金石，其可苟哉！〔註39〕

提出「風神」爲書法的判準，這是從比較多本〈蘭亭序〉而來，因爲定武蘭亭流傳多本，位置、長短、大小皆同，而有肥瘦、剛柔、工拙之差異，一如人面，卻不是每本定武蘭亭都是佳作，取決的標準就是「風神」，這「風神」與張懷瓘「不見字形，惟觀神采」相應，然所區別者爲多本定武蘭亭，所以，最重要的還是本身的鑑賞能力以領會「風神」，姜夔有一條詮釋「風神」：

> 風神者，一須人品高，二須師法古，三須紙筆佳，四須險勁，五須高明，六須潤澤，七須向背得宜，八須時出新意。自然長者如秀整之士，短者如精悍之徒，瘦者如山澤之臞，肥者如貴遊之子，勁者如武夫，媚者如美女，欹斜如醉仙，端楷如賢士。〔註40〕

可看出「風神」的要求是多方面的，險勁、高明、潤澤、向背、新意等都具有主觀意識，姜夔亦頗自知，提出多元的美感。

姜夔〈續書譜〉共有20條，以上摘錄與王羲之書法詮釋相關諸條，要之，姜夔以王羲之爲其書學終極關懷乃屬肯定，但王羲之的高度及其變化莫測的本領卻非輕易可及，是以姜夔提出自身的經驗與美感興會，可以說，這與東晉時代，王羲之諸人表現一己風度可有幾分相應，與唐代重視實用的表現是大異其趣的，未嘗不是尚意書風的展現。

〔註38〕 上海書畫出版社、華東師範大學古籍整理研究室編選點校：《歷代書法論文選》，頁389。

〔註39〕 上海書畫出版社、華東師範大學古籍整理研究室編選點校：《歷代書法論文選》，頁390。

〔註40〕 上海書畫出版社、華東師範大學古籍整理研究室編選點校：《歷代書法論文選》，頁392。

姜夔另有〈禊帖源流考〉、〈禊帖偏旁考〉將於下節論述。另姜夔在〈蘭亭序〉之題跋中提出對王羲之的另一種觀點：

> 大抵右軍書成，而漢魏西晉之法盡廢。右軍固新奇可喜，而古法之
> 廢，實自右軍始，亦可恨也。〔註41〕

從書法文化大流的角度論述王羲之定位，頗不流俗，然其所謂的「古法」指的是張芝、皇象章草或鍾繇〈宣示帖〉之類，漢碑八分之流或不在焉，是其侷限。

二、陳槱《負暄野錄》

《負暄野錄》之作者陳槱（生卒年不詳）是紹熙元年（1190）進士。該書有二卷，茲摘關於王羲之的評述如下。首先有「右軍書論」一條，云：

> 右軍書使門生喪心，僧辨才殞命，昭陵被發，咸陽嫗受驅。其爲世
> 所珍貴，而貽害於人也蓋如此。〔註42〕

如此之異論，眞是發人之所未發，在崇尙王羲之書法的唐宋時期，從反向思考立論，蓋因王羲之書法受到唐太宗獨尊以來，人人以王羲之書法爲貴，因而知識份子競相追逐王羲之書法典範，因而喪失自我的表現，甚至使辯才殞命，連唐太宗的陵墓也不得安寧等，未嘗不是從「匹夫無罪，懷璧其罪」之角度立論。

另，陳槱《負暄野錄》也受到米芾的影響，相信眞跡，不信碑刻是米芾先提出來的，《負暄野錄》「學書須觀眞跡」條云：

> 石湖云：「學書須是收昔人眞跡佳妙者，可以詳視其先後、筆勢、輕
> 重、往複之法，若只看碑本，則惟得字畫，全不見其筆法神氣，終
> 難精進。」〔註43〕

引范成大之說，主張須從眞跡中仔細觀筆法，若看碑本，看不到神氣，此主張使人講究筆鋒妍麗。而在廣泛研習篆書、漢碑之後，其論大字書寫，尙有「所謂側筆取妍，正蹈書法之所忌也。」〔註44〕卻屬中肯之言，因爲側鋒的線條固然秀美，一旦寫大則偏弱乏勢，可惜未見其墨跡檢驗。

〔註41〕宋，俞松：《蘭亭續考》，見於楊家駱主編：《法帖考》（臺北：世界書局，1988年11月藝術叢編第一集）卷1，頁388。

〔註42〕宋・陳槱：《負暄野錄》（臺北：世界書局，1992年10月藝術叢編第一集），卷上，頁112。

〔註43〕宋・陳槱：《負暄野錄》，卷上，頁121。

〔註44〕宋・陳槱：《負暄野錄》，卷上，頁121。

三、岳珂《寶眞齋法書贊》

《寶眞齋法書贊》作者岳珂，爲名將岳飛之孫，家中頗藏前人墨跡，各繫以跋、贊，今日所見並非原本，係集自《永樂大典》者，〔註45〕其中有多件唐摹王羲之書跡，可見出岳珂對於王羲之書法的理解與詮釋。

於「馮承素摹〈蘭亭序〉」條有云：

> 考之寶晉《書史》，載蘇耆家有「蘭亭三本」，內次本：「『少長』字，世傳衆本皆不及，『長』字其中二筆相近，末後捺筆鈎回，筆鋒直至起筆處，『懷』字內折筆、轉筆、抹筆皆轉側，褊而見鋒；『暫』字內『斤』字、『足』字轉筆，賊毫隨之，于斫筆處，賊毫直出其中。世之模本未嘗有也。」耆題以爲褚遂良，芾辨其非，定爲承素筆，且製贊以表之。

> 今閱此本，「暫」字賊毫所出無絲髮異，殆是繭紙舊帖有此一筆。〔註46〕

據其內容所述，該馮承素摹本今已不可見，〔註47〕岳珂是透過米芾的眼睛去檢視〈蘭亭序〉，可見米芾鑑賞之精，故而米芾鑑賞的方法也爲後世所學習，此則所述，是從〈蘭亭序〉中幾個重要的關鍵字去鑑別，至今仍有效用，亦可見出宋代人對於書法鑑定的渴望。

「吳通微臨蘭亭敍帖」條有贊云：「尚勝定武，以石得名。」〔註48〕以爲吳通微之墨跡臨本勝於定武刻石，岳珂折服於米芾之精鑑，亦受米芾重視墨跡甚於石刻的觀點。

「右軍留女帖」一條頗載米芾之潔病，益見岳珂對於米芾的欽佩與熟習；「右軍河南帖」見於《淳化閣帖》卷中，名爲〈重熙書帖〉，〔註49〕岳珂詳考史實，說明此帖的歷史背景，從而興發感慨，贊云：

〔註45〕 參清・乾隆敕撰：《四庫全書總目》（臺北縣：漢京文化事業有限公司國學要籍叢刊本，無出版年月），頁604。

〔註46〕 宋・岳珂：《寶眞齋法書贊》（臺北：世界書局，1962年11月藝術叢編第一集），卷7，頁98。

〔註47〕 該本末尾有：「貞觀五年八月二十九日，臣承素奉敕摹」字樣，今各本未見；又驗之諸本「長」字亦可爲其證：今所謂的馮摹本爲北京故宮博物院藏、清乾隆八柱第三本（見於東晉・王羲之：《蘭亭序〈五種〉》，東京：二玄社，1989年12月，頁14～19。）其中「長」字其中二筆並不相近，且「暫」字內「斤」字之賊毫不見，應非該本；又蘭亭八柱第二本爲今傳褚遂良摹本，「長」字末筆不回鈎（見於東晉・王羲之：《蘭亭序〈五種〉》，頁9）；至於褚臨〈蘭亭序〉，「長」字亦不回鈎（見於佚名：《唐褚遂良臨蘭亭帖》，未編頁碼。）據此故云。

〔註48〕 宋・岳珂：《寶眞齋法書贊》，卷7，頁99。

〔註49〕 水賚佑編：《淳化閣帖集釋》，頁282。

　　　　予觀斯帖，而得右軍之爲人矣。識以先物，仁以及民，忠以謀國，

　　　哲以保身，有是四者，殆非一世翰墨之士所可擬其倫也。〔註50〕

由帖內容歷史背景的考察，而認識王羲之崇高的人格以及過人的智慧，與《顏
氏家訓·雜藝第十九》所謂「王逸少風流才士，蕭散名人，舉世惟知其書，
翻以能自蔽也」而以爲書藝不需過精的顏氏見解不同，也與孫過庭〈書譜〉：
「寫〈樂毅〉則情多怫鬱；書〈畫贊〉則意涉瑰奇；〈黃庭經〉則怡懌虛無；
〈太史箴〉又縱橫爭折；暨乎〈蘭亭〉興集，思逸神超，私門誡誓，情拘志
慘。」由書寫內容之感發而揣摩出筆意情調之詮釋亦不同。這是王羲之書法
文字內容作爲歷史考證的詮釋，原來，文字的書寫本來是實用功能，書法藝
術的功能則係書寫工具與歷代書法家共同努力創造的，這幾種詮釋雖不是筆
墨之美的欣賞，卻不能脫離書法內涵之外，亦即在書法創作或欣賞時，文字
內容及其歷史背景爲極其重要的一部份，是以岳珂云：

　　　摹帖之傳，世固共知字畫之可珍，而未識其心之愛君也。然予博攷

　　　史牒，詳稽所因，蓋自愍懷，抱痛于終天，而王業偏安于江濆，敵

　　　愾之勇，復讎之義，已不復談于搢紳。則姚襄之已歸而終叛；張平

　　　之既昔而復秦。此皆後來必致之理。〔註51〕

岳珂指出，一般人對於書法作品只知道筆墨情趣，而岳珂之所以詳考此帖之
歷史背景，實與自己和王羲之有著偏安的處境相關，《四庫全書總目》指出：
「珂處南渡積弱之餘，又當家難流離之後，故其間關涉時事者，多發憤激烈，
情見乎詞」〔註52〕於此可見一斑，又爲書法與人格緊密結合之例添一佐證。

　　岳珂也繼承米芾考證之精神，從印章、行款、源流等方面有仔細考證，
例如判斷「右軍復剡二書」爲贗品，理由是其上有不當之「貞觀」小印，兩
者相聯屬，與米芾所記相異，岳珂云：

　　　書摹于唐，故不當印以貞觀。然而潤筆天成，書名雲爛，殆不止于

　　　眞之亂，彼無別者，徒欲侈其眞而汩以贗，石汰玉出，涇分渭判，

　　　尚攷予贊。〔註53〕

然則此件作品亦有可觀，而欲充贗鼎者無非企圖增價，岳珂對自己的鑑賞很
有信心，而其判斷依據，乃是繼承米芾而來。而家藏右軍〈安問帖〉實乃寶

〔註50〕　宋·岳珂：《寶眞齋法書贊》，卷7，頁102。
〔註51〕　宋·岳珂：《寶眞齋法書贊》，卷7，頁102。
〔註52〕　清·乾隆敕撰：《四庫全書總目》，頁604。
〔註53〕　宋·岳珂：《寶眞齋法書贊》，卷7，頁103。

晉齋故物，其贊云：

> 唐人善書者，晨夕臨鵝池，生平安問帖，千古乃見之。蕭齋今爲誰？
>
> 米姓猶可窺，摹筆得活法，一卷當得師。〔註54〕

收得米芾故物自當歡喜，從而懷想唐賢在書法上用功之勤，而此作摹寫的筆法靈活，值得師法，不待趙孟頫跋〈蘭亭序〉：「昔人得古刻數行，專心而學之，便可名世。」〔註55〕岳珂此卷僅四行22字即可爲師矣。從這也看出，王羲之眞跡之難得，精良的摹本謂「下眞跡一等」，從宋代就如此了。

「右軍得示帖」條則闡述一見風格獨特的王羲之書法，云：

> 字淳而雅，頗逼西晉武帝體，有章草之遺，于《淳化閣帖》中蓋自
>
> 是一種風度，非右軍他帖比也。〔註56〕

西晉武帝司馬炎書法具有章草筆意，今《淳化閣帖》有〈省啓帖〉可見一斑，〔註57〕王羲之〈得示帖〉雖未傳於今，但王羲之於章草深入有心得，亦有〈豹奴帖〉可驗，〔註58〕，與《淳化閣帖》所收今草諸帖情趣不同，岳珂頗能欣賞，有贊云：

> 淳古有眞味，不特見于結字，茲帖之名「得示」，縱摹倣于唐世，隱
>
> 然猶有西晉之遺意，彼昌黎者，或肆譏議，謂以「俗書趁姿媚」，予
>
> 未敢以爲是。〔註59〕

因爲章草最大的特色就是殘存隸書筆意的雁尾，未必在結體上斤斤計較，岳珂以此反駁韓愈「羲之俗書趁姿媚」的說法並不公允，關於「羲之俗書趁姿媚」實有其審美意識之轉換在歷史背景中，在岳珂時代，返古激情消退了些，王羲之優美的書法風格挾其高尚品格，對不安於偏安南宋的岳珂來說，分外有感。這就不難理解岳珂詮釋王羲之唐摹本書法的拳拳之心，則鑑賞王羲之

〔註54〕 宋・岳珂：《寶眞齋法書贊》，卷7，頁104。

〔註55〕 佚名：《趙孟頫行楷蘭亭十三跋》（臺北：華正書局，1994年2月影印刻本），頁16。

〔註56〕 宋・岳珂：《寶眞齋法書贊》，卷7，頁104。

〔註57〕 水賚佑編：《淳化閣帖集釋》，頁6。

〔註58〕 〈豹奴帖〉可見於東晉・王羲之：《中國法書選・13 王羲尺牘集・下》（東京：二玄社，1990年7月影印澄清堂帖孫氏本，頁38～39）。又一名〈眠食帖〉，清・卞永譽：《式古堂書畫彙考》載趙孟頫跋：「如此帖章草，奇古雄強，精神通人，指不可再屈也。」元人馮子振跋：「王右軍〈眠食帖〉，字數雖不多，而古意具在。」（中國書畫全書編輯委員會編：《中國書畫全書（六）・式古堂書畫彙考》，1994年10月。卷6，頁164。）據此故云。

〔註59〕 宋・岳珂：《寶眞齋法書贊》，卷7，頁104。

偉跡〈東方朔贊〉時必有所感,「右軍東方朔贊帖」條云:

> 今觀茲摹,具有遺製,蓋李嗣眞所謂如巖廊簪裾之肅,陰陽寒暑之備,
> 鏗鏘金石之在耳,氤氳蘭麝之觸鼻,縹緲仙跡,昭章聖祕。然河南則
> 標以爲眞,會稽則疑以爲僞,二君皆升堂而入室,夫豈黨同而伐異,
> 況後六百載而予惟即其摹以觀其似,而何以別其非是?惟梁袁昂評古
> 今字嘗有言曰:「王右軍書如王謝子弟,縱復不端正者,軒軒有一種
> 風氣。」予謂摹本已能如此,眞存豈不可貴,況夫山陰之鵝已訛于道
> 德,瓦官之鷗復亡于告誓,周公之征巳泯,晉侯之跡誰侈?三一莫究
> 于行法,尚想熟知于黃綺?或訪琅琊之新廟,或答尚書之宣示,或臨
> 川丙舍之頓首,或相省叔夷之死罪,凡此已弗復見,而又于此肆其議,
> 是殆類乎知江漢秋陽之不可,尚斥有若而反其位者也。〔註60〕

引李嗣眞〈書品後〉對於王羲之楷書的評述消化之後使用自己的語言呈現;對
〈東方讚帖〉之紀錄如數家珍,河南即褚遂良,有〈右軍書目〉,載:「第三東
方朔贊。」〔註61〕會稽指的是徐浩,有〈古跡記〉云:「臣以爲〈畫讚〉是僞跡,
不近眞。」〔註62〕右引袁昂的〈古今書評〉詳細參酌,最後結出眞跡多不存,
如此之作,神采動人,不該以僞跡一味指斥,岳珂則斷爲唐人摹本,有云:

> 按是帖在淳化祕閣,與〈樂毅論〉並爲眞書之祖。雲烟流形,水月
> 移質,摹寫之合作,以神合妙,信乎唐人之爲精也。〔註63〕

「雲煙流形,水月移質」是多麼出神入化的境界,摹本已能如此,眞跡豈非
更爲可貴。一再顯示出對於王羲之書法的珍愛。

　另,壓(第七)卷者爲〈萬歲通天帖〉,此帖係王羲之後代王方慶在唐
武後朝進獻於朝廷者,岳珂備載其事,今仍存墨跋贊墨跡,但恐是代筆所
爲,〔註64〕有云:

> 筆法之神,匪臨伊摹。〔註65〕

〔註60〕　宋・岳珂:《寶眞齋法書贊》,卷7,頁106～107。
〔註61〕　唐・張彥遠輯:《法書要錄》(洪本),卷3,頁70。
〔註62〕　唐・張彥遠輯:《法書要錄》(洪本),卷3,頁96。
〔註63〕　宋・岳珂:《寶眞齋法書贊》,卷7,頁106。
〔註64〕　宋・岳珂《萬歲通天帖・跋》,見於許禮平主編:《中國名家法書全集5・王羲
　　　　之/萬歲通天帖》(香港:翰墨軒出版有限公司,1997年5月),頁26～28。然
　　　　該跋體勢全不累岳珂手筆,啟功:《〈唐摹萬歲通天帖〉書後》以爲岳珂之跋
　　　　贊同翁方綱的見解,認爲是書手代抄的(見於前揭書,頁62。)據此故云。
〔註65〕　宋・岳珂:《寶眞齋法書贊》,卷7,頁111。

讚嘆唐人摹書的功力，而此卷傳入岳珂家，亦可見岳珂家族在宋代收藏豐富。今見岳珂手跡有如〈楷書郡符帖頁〉（圖 6-4），頗爲衿飭，顏柳體段爲多，一再稱述之王羲之法書似未深入就其書寫筆法。

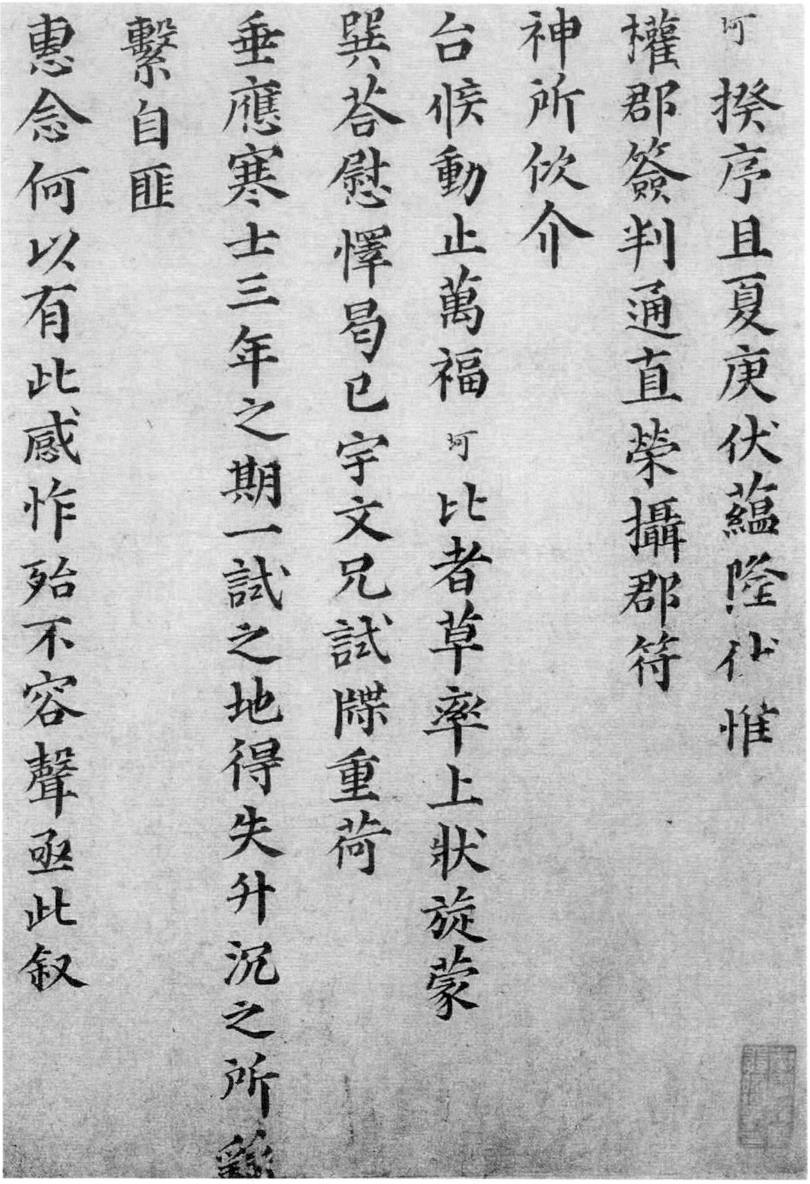

圖 6-4：宋‧岳珂〈楷書郡符帖頁〉局部

取自王連起主編：《宋代書法》（上海：上海世紀出版股份有限公司、上海科學技術出版社；香港：商務印書館（香港）有限公司，2006 年 5 月故宮博物院藏文物珍品大系本），頁 185。

　　岳珂身為岳飛之後，在南宋偏安又積弱的政局下頗多激憤，藉品書以寄情，而其鑑賞之路數大抵服膺於米芾，刊刻《英光堂帖》（一名《寶真齋米帖》），保存之功為研究者稱述，〔註66〕王羲之帖也因此留下珍貴之記錄，而米芾正是宋朝繼承王羲之最偉大的書家。

第三節　〈蘭亭序〉的文化現象

　　〈蘭亭序〉是王羲之劇跡，在唐代為「真行絕致」之作，為唐太宗所傾心，並據以制訂唐代書寫法式，唐代對於〈蘭亭序〉最早的紀錄是一篇充滿傳奇性的何延之所撰寫的〈蘭亭記〉，並為張彥遠收入《法書要錄》中；另《隋唐嘉話》也有相關記載，唯兩者稍有不同，此於第二章已經論之，茲不贅。

　　到了宋朝，宋太宗以示崇尚王羲之書法，更效仿唐太宗廣搜書法，命王著刻《淳化閣法帖》，其中二王書法共五卷，為全書之半，嘗御書前人詩：

> 不到蘭亭千日餘，嘗思墨客五雲居，曾經數處看屏障，盡是王家小
> 草書。〔註67〕

所書雖是前人書，但未嘗不是有感而發，而王羲之書風在唐代已經流行普遍，王羲之書風的書法隨處可見自不待言；《蘭亭考》載：

> 至道二年，內侍高班裴愈奏，於蘭亭傍置寺，賜額「天章」，書堂基
> 上建樓藏三聖御書，仁宗皇帝賜御篆寺額。按：《華鎮記》云：山陰
> 天章寺即逸少修禊之地，有「鵝墨池」，引溪流相注，每朝廷有命，
> 池墨必見，其將見，則池有浮沫大如斗，渙散滿池，雲舒霞卷，如
> 新研墨，下流水復清澈。皇祐中，三日連發，未幾，太宗、真宗、
> 仁宗三朝御書皆至。方勺《泊宅編》曰：蘭亭有「逸少研池」，朝廷
> 每頒降，池水黑可染緇，太常沈紳記其事。〔註68〕

謂蘭亭旁的「鵝墨池」具有靈性，與朝廷降旨命令相互感應，不管是偶然符會，或是穿鑿附會而成，將蘭亭之墨池與天命相連，尤其其中明言太宗、真宗、仁宗三朝，可見「蘭亭」已經變成一種神秘力量的象徵物。北宋三大家，也都酷愛〈蘭亭序〉，關於蘇軾，黃庭堅曾云：

〔註66〕方愛龍：《南宋書法史》（上海：上海古籍出版社，2008 年 12 月），頁 391。
〔註67〕宋・桑世昌：《蘭亭考》，（楊家駱主編：《法帖考》，臺北：世界書局，1988
　　　　年 11 月藝術叢編第一集本），卷 2，頁 265。
〔註68〕宋・桑世昌：《蘭亭考》，卷 2，頁 265。

　　　東坡道人少日學〈蘭亭〉，故其書姿媚似徐季海。〔註69〕
黃庭堅爲蘇軾之學生，其語自是可信，雖然蘇軾墨跡以圓扁爲其特色，似與
〈蘭亭〉相遠，實則華美之姿正源自〈蘭亭序〉；黃庭堅亦著迷〈蘭亭〉，〈豫
章先生傳〉載：

　　　遊荊州，得古本〈蘭亭〉，愛玩不去手，因悟古人用筆意。〔註70〕
由〈蘭亭序〉領悟古人用筆意，足見愛翫與體悟之深，遂而影響深遠，是宋
代〈蘭亭序〉流行最重要的人物，曾云：

　　　王右軍禊事詩序，爲古今行正之祖。〔註71〕
此番立說，亦可見於黃庭堅〈書王右軍蘭亭草後〉：「王右軍〈蘭亭草〉號爲
最得意書……此書諸儒皆推爲眞行之祖。」〔註72〕是以黃庭堅認定〈蘭亭序〉
爲古今行書與楷書的根本，蓋「行正」與「眞行」爲同義，則爲楷書與行書
兩種書體；又云

　　　〈蘭亭敍草〉王右軍平生得意書也，反復觀之，略無一字一筆不可人

　　　意。摹寫或失之肥瘦，亦自成妍。要各存之，以心會其妙處爾。〔註73〕
對〈蘭亭序〉著迷，但卻不迷信古本〈蘭亭序〉，對於各個不同的版本，不論
肥瘦都各自成妍，蓋黃庭堅書學主張會意，不在外表形式上斤斤計較，此說
也爲宋人學習〈蘭亭序〉背書，不用一定某某版本，肥瘦各自有趣，也促進
宋人翻刻〈蘭亭〉的動機。

　　　米芾爲北宋書學博士，閱覽〈蘭亭〉版本眾多，他爲褚遂良摹本〈蘭亭
序〉、褚遂良臨本〈蘭亭序〉作跋，筆跡脩長秀逸，不規規模擬〈蘭亭序〉之
外形，卻深得〈蘭亭〉法，跋文與褚本相呼應。

　　　南宋時，高宗曾學黃庭堅與米芾，〈翰墨志〉中云：

　　　至若〈禊帖〉，則測之益深，擬之益嚴。姿態橫生，莫造其原，詳觀

　　　點畫，以至成誦，不少去懷也。〔註74〕

〔註69〕　宋‧黃庭堅：《山谷題跋》（楊家駱主編：《宋人題跋‧上》，臺北：世界書局，
　　　　　1992 年 3 月藝術叢編第一集），〈跋東坡遺墨〉，卷 5，頁 229。
〔註70〕　宋‧董史：《皇宋書錄》（北京：中華書局，1991 年叢書集成初編據知不足齋
　　　　　叢書本排印），中篇，頁 23。
〔註71〕　宋‧桑世昌：《蘭亭考》，卷 5，頁 289。
〔註72〕　宋‧黃庭堅：《山谷題跋》，卷 7，頁 246。
〔註73〕　宋‧黃庭堅：《豫章黃先生文集》（上海：上海商務印書館，1965 年影印四庫
　　　　　叢刊初編縮印嘉興沈氏藏宋本）〈又跋蘭亭〉，卷 28，頁 310。
〔註74〕　宋‧高宗：〈翰墨志〉，頁 87。

對〈蘭亭序〉之喜愛溢於言表，甚至可以背誦了，片刻不忍釋手。

　　上述諸人，可說是影響宋代書壇最重要的人物，幾乎全都對〈蘭亭〉稱頌與取法，這不同於王羲之其他書法，像〈集字聖教序〉有院體之譏，《十七帖》等尺牘書法刻入法帖，喪失原先的活力，〈蘭亭序〉早在唐太宗時透過搨書人的複製，不斷的繁衍，在宋代更化身千萬。

一、〈蘭亭序〉之傳摹與收藏

　　這化身千萬的結果並非源自王官，不同於唐代將天下法書蒐羅入禁中，宋代一方面已經沒能掌握〈蘭亭序〉原本（已入昭陵）；另一方面，〈蘭亭序〉在唐代已經逐漸傳播開來，即便眞跡不知下落，但複製本之魅力依舊，正因爲眞跡下落不明，更開啓宋人研究的興趣。因爲「書法」在唐代曾是具有相當客觀性的王官制度之一，唐代還須對於文字書寫訂定法式，從後設的角度來說，它終結了文字演化，此後的中國文字書寫則能更大的發揮其抒情性，到了宋代尚意，書法儼然成爲主觀的個人情感表述的媒介，但是對於引領風騷的大書家而言，往往需要新的元素，相對的，對於一般識字的人而言，〈蘭亭序〉已經是書法中不能不瞭解的經典，附庸風雅也罷。

　　〈蘭亭序〉版本繁衍複雜，難以條貫，宋代已然，歐陽脩〈集古錄〉有云：

　　　〈蘭亭修禊序〉，世所傳本尤多，而皆不同，蓋唐數家所臨也，其轉相傳模，失眞彌遠，然時時猶有可喜處，豈其筆法或得其一二邪？想其眞蹟宜何如也哉。世言眞本葬在昭陵，唐末之亂，昭陵爲溫韜所發，其所藏書畫，皆剔取其裝軸金玉而棄之，於是魏晉以來諸賢墨蹟遂復流落於人間。太宗皇帝購募，所得集以爲十卷，俾模傳之，數以分賜近臣，今公卿家所有法帖是也。然獨〈蘭亭〉眞本亡矣，故不得列於法帖以傳今。予所得皆人家舊所藏者，雖筆畫不同，聊並列之，以見其各有所得，至於眞僞優劣，覽者當自擇焉。其前本，流俗所傳，不記其所得；其二得於殿中丞王廣淵；其三得於故相王沂公家；又有別本在定州民家。各自有石，較其本，纖毫不異，故不復錄；其四得於三司蔡給事君謨。世所傳本，不出乎此，其或尚有所未傳，更俟博採。〔註75〕

〔註75〕宋·歐陽脩：《集古錄跋尾》，卷4，頁1138。

歐陽脩此條可爲考察宋人〈蘭亭序〉繁衍的起點：先是指出〈蘭亭序〉的眾多版本不大相同，係因唐代所臨摹諸本本有差異，即便是一再地輾轉傳摹，仍時時有可喜之處，此正〈蘭亭序〉魅力所在，然則宋人深具考據精神，亦注意眞本埋在昭陵。唯五代溫韜發昭陵，唐太宗所收書畫復流落人間，而又有購募之舉，不過仍不見〈蘭亭序〉，是以《淳化閣帖》所刻未收；歐公就其所收，分作四系：

(一) 流俗所傳，不計其所得

(二) 得於殿中丞王廣淵

(三) 得於故相王沂公家，又有別本在定州民家各自有石，較其本，纖毫不異

(四) 其四得於三司蔡給事君謨

從這個分類已經可以知道在北宋初年的歐陽脩時代，〈蘭亭序〉已經枝繁葉茂，上述四種，已經籠統，如「流俗所傳」實難以考究其淵源；而王廣淵（1016～1075）、王曾（978～1038）、蔡襄等人所有又不只一本，故歐陽脩僅能就自己所得見的部分作大概的分類，以便於日後追考；米芾在北宋所見法書多，今傳著錄所見〈蘭亭序〉有十七種，〔註 76〕精鑑如米芾者，流俗所傳或不入法眼，而著錄中所稱「蘭亭一本」、「蘭亭一絹本」、「蘭亭一紙本」等等實不知所從來，僅知在某某人家，此與歐陽脩有相近之處，即以收藏者爲版本命名，興起後代版本學，亦爲〈蘭亭學〉興起之一種獨特文化現象。又歐陽脩與米芾二人所記出入頗多，難以相貫，至少並不相承，這正是版本繁多的現象，時至南宋，就桑世昌《蘭亭考》所記，據陳一梅之統計，「傳刻」（第 11 卷）有 159 本、「審定」等卷有 98 本，共計有 250 多本，〔註 77〕當然其中是有重複的，但數量之多已屬空前；另俞松《蘭亭續考》記其親眼所見，也多達 64 本。〔註 78〕

　　如此眾多的版本之中，值得再注意的是「傳刻」二字，即其流傳的 159 本更確切的說應該是 159 種，因爲是刻本，所以可以傳搨複製相當的數量；

〔註 76〕 據日・中田勇次郎：《中田勇次郎著作集・米芾著書所見法書目錄》，第三卷，頁 437～438、頁 447。按：表中所列晉王羲之名下 16 種，（頁 437～438）另陸柬之名下「臨蘭亭」亦屬之（頁 447），共計 17 種。

〔註 77〕 陳一梅：《宋人關於〈蘭亭序〉的收藏與研究》（杭州：中國美術學院出版社，2011 年 3 月），頁 13～16。

〔註 78〕 陳一梅：《宋人關於〈蘭亭序〉的收藏與研究》，頁 16～17。

宋人之好刻〈蘭亭序〉，趙孟頫嘗跋〈蘭亭序〉云：

　　〈蘭亭〉帖當宋未度南時，士大夫人人有之。石刻既亡，江左好事

　　者往往家刻一石，無慮數十百本。〔註79〕

趙孟頫為宋代王室之後，所言應當有據，可知〈蘭亭序〉在北宋時已經是士大夫「人人有之」，南宋時，更變本加厲「家刻一石」，是宋代最流行的法帖。

　　宋代流行〈蘭亭序〉，並刻帖成風，前述為單刻帖，叢帖亦所在多有，《寶晉齋法帖》、《星鳳樓帖》、《元祐祕閣續法帖》、《大觀太清樓帖》、《鼎帖》、《博古堂帖》等均有收入，〔註80〕也促進了〈蘭亭序〉在宋代的傳播。

　　當版本眾多之時，透過流行、討論，繁衍出諸多的文化現象，其中之一就是收藏，收藏講究無非是版本與數量。

　　根據陳一梅的研究，宋人收藏〈蘭亭序〉最重要的有如以下六家：〔註81〕

（一）御府：御府具有收藏法書的傳統與資金優勢，是以藏品多而豐富。御府所收藏或摹刻的〈蘭亭序〉，據陶宗儀《輟耕錄》記載有 117種之多。

（二）薛紹彭：因為薛氏曾藏有定武原石，並翻刻過；薛紹彭也翻刻過唐摹本。並提出「〈〈蘭亭序〉）出鋒者宜為近真」，成為界定唐摹本與定武本特點的一個標誌。

（三）蘇家一門：為米芾所稱讚並垂涎，並多有敘述《蘭亭考》、《蘭亭續考》中多處題跋論及。

（四）米芾：喜臨〈蘭亭序〉並勤於記錄、題跋，並曾據唐板翻刻「三米蘭亭」。

（五）游似：登宰相，世傳「游相本」即指此人之本，所藏以天干編號，各干從一編至十，共有百本。其藏品宋元時期不詳，明清以至近人整理始漸明晰。

（六）賈似道：登宰相，收藏〈蘭亭序〉達八千餘匣。

〔註79〕趙孟頫：〈蘭亭十三跋〉，中國法帖全集編輯委員會編：《中國法帖全集 14》（武漢：湖北美術出版社，2002 年 3 月影印《快雪堂帖》本），頁 132～133。

〔註80〕參見陳一梅：〈宋代叢帖中的〈蘭亭序〉刻本〉，《書法》2011 年第 8 期，頁40～42。

〔註81〕陳一梅：《宋人關於〈蘭亭序〉的收藏與研究》，第 2 章，頁 78～100。除此六家之外，「王厚之、尤袤、畢少董、沈揆、康伯可、杜器之等藏本都在百本以上。」（頁 99。）據此故云。

這些都是官宦之家，即便法帖已經較唐代更廣泛的流傳，然而主要的權力仍在官家少數人手中。士大夫之間的流傳讓收藏者獲得喜悅，因爲古籍的記載，法書均屬御府所有，如吳說曾跋〈蕭翼賺〈蘭亭〉圖〉：

此畫宜歸太宗御府，而久落人間，宜非所當保有者。〔註82〕

在許多士大夫心理上，第一流的名畫，都應當存於內府，書法更不待言，唐太宗、宋太宗均有廣蒐書法之舉即是其證，南宋時期承此文化傳統，經典書法爲權力之象徵，但國勢衰弱，游似、賈似道均以宰相之姿擁國之重寶，其動機絕非僅爲了臨摹學習。尤其賈似道權傾一時，時當宋末，皇室積弱，《悅生所藏書畫別錄》載：

賈似道留心書畫，家藏名跡，多至千卷。其宣和、紹興秘府故物，

往往請乞得之。〔註83〕

皇室無法掌握主權，因此奸臣竊取名畫、名跡。〈蘭亭序〉爲書法中的書法劇跡，雖然不是眞跡，但是當時最好的版本賈似道幾乎都曾收藏，並且翻刻，十分逼肖，周密《癸辛雜識・後集》載：

賈師憲以所藏定武五字不損肥本禊帖，命婺州王用和翻開，凡三歲

而後成，絲髮無遺，以北紙古墨摹搨，與世之定武本相亂。賈大喜，

賞用和以勇爵金帛稱是。又縮爲小字，刻之靈璧石，號「玉板蘭亭」，

其後傳刻者至十餘，然皆不逮此也。〔註84〕

賈似道字師憲，以一流的版本、一流的刻手、花三年的時間翻刻，目的在求逼肖；而以北紙古墨摹拓，則不免有作僞相亂之動機。另又縮爲小字，刻成「玉版蘭亭」爲一時之絕，或欲以爲小楷範本，與王獻之〈洛神賦〉相映。

上述六家，除御府之外，北宋時僅列蘇家與米芾兩家，而米芾所藏有些是源自蘇家，所藏總計約 17 種。〔註85〕南宋時期藏家動輒百種以上，顯見其流行。

〔註82〕 莊嚴：《山堂清話》（臺北：國立故宮博物院，1980 年 8 月）引《石渠寶笈》，頁 191。

〔註83〕 宋・賈似道：《悅生所藏書畫別錄》（臺北：世界書局 1977 年 12 月藝術叢編第一集本），頁 135。

〔註84〕 宋・周密：《癸辛雜識》（上海：上海古籍出版社，1991 年 12 月影印文淵閣四庫全書本）後集「賈廖碑帖」條，頁 46。

〔註85〕 據日・中田勇次郎：《中田勇次郎著作集・米芾著書所見法書目錄》，第 3 卷，頁 437～438、頁 447。按：表中所列晉王羲之名下 16 種，（頁 437～438）另陸柬之名下「臨蘭亭」亦屬之（頁 447），共計 17 種。

二、〈蘭亭序〉的考證

（一）姜夔為蘭亭學版本建立基礎

　　姜夔（1155～1221）撰有〈禊帖源流考〉，為〈蘭亭序〉版本建立基礎。不同於北宋諸家之題跋，南宋時期版本迭出，興起一股考證〈蘭亭序〉的風潮，首先提出的是姜夔。姜夔對〈蘭亭序〉的考證主要有兩方面：其一是對版本提出見解，後人裒集而成〈蘭亭考〉，或稱為〈禊帖源流考〉，原跡下落不明，但今可見趙孟頫之手書本，稱「白石先生〈蘭亭考〉一卷」〔註86〕，藏於臺北故宮博物院；其二是〈禊帖偏旁考〉計有 15 條。

　　〈禊帖源流考〉分作七個部分：〔註87〕

1. 眞跡之本末：太宗遣蕭翼賺取後陪葬昭陵，唐末溫韜發墓，不見〈蘭亭〉，一說靖康曾現蹤跡。

2. 劉餗與何延之之說不同，似劉說較可信，但梁武帝收右軍帖並無〈蘭亭〉，可疑。

3. 石本之本末：有智永臨本、褚庭誨臨本、唐代勒石本等等，當世獨以定武本見重。

4. 定本之本末：爲歐陽詢所臨本，起自石晉之亂，歷數慶曆中、熙寧中、大觀間以及宋室渡南之過程。

5. 定本之異同：舉王性之、蔡絛之說爲定本之起源；又以定武富民好事者從會稽取石，後納入禁中刻石後歸還，或謂爲薛氏所收，薛紹彭將之斲損「湍」、「流」、「帶」、「右」、「天」五字；或謂殉葬裕陵。

6. 餘論：世傳定本以「有鋒芒稜角爲上」：且「嘗疑前輩不專尙定本，定本之重，自山谷始」。

姜夔〈蘭亭考〉爲早期考證〈蘭亭序〉石刻版本的著作，文中多次提及「或謂」，已見分歧難以確考；至於石本出處，或是唐人臨本、甚或右軍在時所刻，均爲輾轉得知，或是某人所言，沒有明顯的證據。姜夔極盡所能分析條貫諸版本，深具實事求是之精神，爲後世考證〈蘭亭序〉的重要依據。至於他對版本好壞的看法，在本文一開始時即云：

〔註86〕據趙孟頫手抄原本影印本，見於王連起、郭斌編：《趙孟頫墨跡大觀・上冊》（上海：上海人民美術出版社，1995 年 5 月），頁 141。

〔註87〕據趙孟頫手抄原本影印本，見於王連起、郭斌編：《趙孟頫墨跡大觀・上冊》，頁 136～141。分段一本原跡。

〈蘭亭〉真跡隱，故臨本行於世，臨本少，石本行於世，石本雜，
所以定武本行於世。〔註88〕

真跡第一、次則臨本、次則石本，石本中以定本為上，定本之中，在文末揭
示以具有鋒芒稜角的為佳。

姜夔〈禊帖偏旁考〉有15條，載於宋人周密的《齊東野語》，如：

「年」字懸筆上湊頂；……「歲」字有點，在「山」之下，「戈」畫
之右；……「死生亦大矣」「亦」字是四點。〔註89〕

檢今所傳〈蘭亭序〉，「歲」字有點且在「戈」之右者，除馮摹本外並不多見；
「死生亦大矣」之「亦」字作四點者，則「吳炳舊藏定武本」有之，他本難
得一見，是知姜夔所見應是較早甚至較接近〈蘭亭序〉原始的版本，可惜並
未明說以何本較之，翁方綱以為針對「定武蘭亭」，應屬可信。細覽〈禊帖偏
旁考〉中所列諸條，可見姜夔對於〈蘭亭序〉確實精於鑑賞，進而考證毫髮，
足見南宋人在〈蘭亭序〉紛呈的文化中，毫髮必爭的斤斤計較，與唐人（如
歐陽詢）表現在筆法、結字上之勾心鬥角大異其趣。

（二）桑世昌著作宋人討論〈蘭亭序〉的向度

桑世昌（1135？～1210？）輯有《蘭亭考》一書，可以藉以觀察宋人討
論〈蘭亭序〉的向度。〈禊帖源流考〉展現了姜夔實事求是的科學精神，一方
面分析〈蘭亭序〉版本的幾個重要議題，一方面不妄下斷語，使用「或謂」
雖令後人感到遺憾，但這正是一種審慎態度的展現，而桑世昌《蘭亭考》則
以裒集之功見長，寫作方式與姜夔不同。

桑世昌《蘭亭考》原有十五卷，原稱《蘭亭博議》，陳振孫《直齋書錄解
題》載：

《蘭亭博議》十五卷

淮海桑世昌澤卿撰。世昌居天台，放翁陸氏諸甥也……

《蘭亭考》十二卷

即前書。浙東庚司所刻。視初本頗有刪改。初十五篇，今存十三篇，
去其〈集字篇〉後人集〈蘭亭〉字作書帖、詩銘之類者，又〈附見

〔註88〕趙孟頫手抄原本影印本，見於王連起、郭斌編：《趙孟頫墨跡大觀・上冊》，
頁136。

〔註89〕宋・周密：《齊東野語》（臺北：廣文書局有限公司，1969年9月筆記續編本），
卷12，頁175。

篇〉兼及右軍他書蹟，於〈樂毅論〉尤詳。其書始成，本名「博議」，
高內翰文虎炳如爲之序。及其刊也，其子似孫主爲刪改。去此二篇
固當，而其他務從省文，多失事實，或戾本意，其最甚者，〈序文〉
本亦條達可觀，亦竄改無完篇，首末闕漏，文理斷續，於其父猶然，
深可怪也。此書累十餘卷，不過爲晉人一遺帖，自是作無益，玩物
喪志，本無足云。其中所錄諸家跋語有昭然僞妄而不能辨者，未暇
疏舉。〔註90〕

故知《蘭亭考》本名《蘭亭博議》，原來尙有〈集字篇〉、〈附見篇〉以及高文
虎的序文，然到高文虎之子高似孫刊行此書時，竟加以刪削，不但削去兩篇
內容，連其他篇章的文字也因爲省文而失去本意，其父親的序文也妄自刪改，
以致於陳振孫頗有微詞，甚至認爲爲了一卷〈蘭亭序〉而連篇累牘記述爲無
益之舉，將導致玩物喪志。這個見解不論正確與否，已經深刻的道出部分南
宋知識份子對於〈蘭亭序〉的沈迷，《博議》原存的〈集字篇〉係以〈蘭亭序〉
中之文字集成詩文，〔註91〕足成一卷之多可見好此道者不在少數；又文士相
聚，探訪蘭亭故址，緬懷晉人故事，高文虎的序文就可見得一斑：

> 予挈故書入山陰，結廬茂林修竹間，訪問王謝諸人遺躅，但見壑流
> 巖秀，雲物蓊蔚而已。既而於屋東得鄰士地數畝，益藝卉竹治堂觀。
> 又有以汪龍溪家所藏禊圖見遺者，乃揭之屋壁間，又有舊藏定武石
> 刻，亦設諸几席，日與兒輩來游，觀圖玩字，如與王謝諸人相接。
>
> 〔註92〕

尋訪山陰，在茂林修竹的景色中，訪問晉人王謝家族的遺跡；進而取得土地，
種植花墓、建造堂觀，無非想模擬王謝諸人蘭亭修禊時之場景；再者張「蘭
亭修禊圖」於屋壁、設定武蘭亭石刻於几席間，然後每天和兒輩在此觀圖玩
字，無非就是嚮慕王謝諸人高致，簡直念茲在茲。由此觀之，陳振孫「玩物
喪志」之言亦非空穴忿忿之語而已。

〔註90〕宋・陳振孫：《直齋書錄解題》（北京：中華書局，2006 年宋元明清書目題跋
　　　叢刊影印武英殿聚珍版），卷 14，頁 718～719。
〔註91〕清・胡世安：《禊帖綜聞》有〈附博議紀集字〉條，載陳權輿〈與仲清帖〉、〈記
　　　仲清賢契〉兩首集字詩文，應即是《蘭亭博議》遺文。見於四庫全書存目叢
　　　書編纂委員會：《四庫全書存目叢書・史部二七八》（濟南：齊魯書社，1996
　　　年 8 月），卷 13，頁 516～517。
〔註92〕宋・俞松：《蘭亭續考》，見於楊家駱主編：《法帖考》（臺北：世界書局，1988
　　　年 11 月藝術叢編第一集）卷 1，頁 387。

　　雖然，桑世昌的《蘭亭考》在今日看來，保有大量資料，爲後世研究〈蘭亭序〉提供線索，茲就此《蘭亭考》所列十二卷之內容敘述如下，以見桑世昌論考之理解與詮釋路向：

1. 第一卷〈蘭亭〉：錄古籍中對蘭亭位置的記載、〈蘭亭序〉、蘭亭詩、〈蘭亭後序〉等文。
2. 第二卷〈睿賞〉：錄宋代皇室對〈蘭亭序〉的鑑賞與學習。
3. 第三卷〈紀原〉：錄《法書要錄》、劉餗、周越、《南部新書》、蘇軾、黃庭堅、張舜民、秦觀等書（人）關於〈蘭亭序〉源流的記載或見解。
4. 第四卷〈永字八法〉：錄〈翰林密論〉所記之永字八法及米芾、《法書苑》、黃山谷、傳授筆法人名〔註93〕。
5. 第五卷〈臨摹〉：錄唐宋臨摹本及各家題跋或評論。
6. 第六卷〈審定上〉、第七卷〈審定下〉：主要爲宋代諸家對於〈蘭亭序〉石刻本的題跋與意見，又以定武蘭亭爲大宗。
7. 第八卷〈推評〉：集錄宋代名家對王羲之及其〈蘭亭序〉的評論或見解。
8. 第九卷〈法習〉：錄孫過庭、周越、黃庭堅、蘇軾等人對〈蘭亭序〉傳習的說法。
9. 第十卷〈詠贊〉：錄唐宋時期對〈蘭亭序〉的詠贊詩文。
10. 第十一卷〈傳刻〉：蒐羅御府及定武、會稽、洛陽、邯鄲等地；周安惠、陳氏、米芾等諸家所藏〈蘭亭序〉版本。
11. 第十二卷〈釋禊〉：載傳世關於修禊之記載與歌詠。

此書可見當時論述〈蘭亭序〉的內容，如前所述，南宋對於〈蘭亭序〉著迷，在人員階層方面，上至王官，下至士夫，幾乎爲知識份子共同的話題；在版本方面，從眞跡而唐代臨摹而石刻而定武而臨習，從整幅到片石；在書寫方面，從筆法到傳習，亦即從臨摹到創作都有舉例；在地域方面，從王官到地方；在文化活動方面，從詠贊〈蘭亭序〉到修禊活動，甚至已被刪除的集字詩文等等，方方面面均一一被討論，〈蘭亭序〉在桑世昌《蘭亭考》的記載下，已經幾乎被玩得熟透，也因此奠定〈蘭亭序〉爲王羲之書法第一帖的文化地位。

〔註93〕原文爲「傳授」二字，實爲唐・張彥遠：《法書要錄・傳授筆法人名》（洪本），卷1，頁14。文字小異，疑爲高似孫所爲，然23人名字全同。

（三）俞松題跋的兩種角度

俞松（？～？）接續桑世昌的《蘭亭考》而有《蘭亭續考》。桑世昌《蘭亭考》已從多個角度蒐羅〈蘭亭序〉相關資料爲一編，可謂集大成，關於蘭亭的源流、筆法、傳習等方面已經頗爲完備。然南宋以來，〈蘭亭序〉之版本開枝散葉，絕非一人所能盡覽，加之以定武蘭亭之說法也不一致，〔註94〕俞松纂集《蘭亭續考》，所續的即是桑世昌的《蘭亭考》，〔註95〕但體例完全不同，所續的約僅是桑世昌《蘭亭考》卷6、7的〈審定篇〉之類，不過因爲桑世昌《蘭亭考》有刪削之虞，一條條的記載題於何本有些混亂；而俞松《蘭亭續考》則無刪削之虞，有較完整的紀錄。

俞松《蘭亭續考》兩卷，「上卷兼載松所自藏與他藏本，下卷則松所自藏，經李心傳題跋者，其跋皆淳祐元年至三年所題。」〔註96〕在上卷開頭便稱：

〔註94〕有關定武蘭亭的版本，宋人趙與時《退賓錄》所載可作爲考察的基準：「〈蘭亭〉石刻惟定武得其眞，蓋唐太宗以眞蹟刻之學士院，朱梁徙置汴都，石晉亡，耶律德光輦而歸；德光道死，與輜重俱棄之中山之殺狐林；慶歷中，爲土人李學究所得，韓魏公索之急，李瘞諸地中，而別刻以獻；李死，其子乃出之。宋景文公始買眞公帑。熙甯間，薛師正向爲帥，其子紹彭又刻別本留公帑，攜古刻歸長安。大觀中，詔取置宣和殿；靖康之變，虜襲以紅毯輦歸，今東南諸刻無能彷彿者。」（宋·趙與時：《賓退錄》（臺北：廣文書局，1969年9月筆記續編本），卷1，頁8～10。）據此可知，宋人重視定武蘭亭，甚至以爲其出自唐太宗所刻，實則唐代典籍均不曾提起，應爲穿鑿附會而成，由於十分寶重，李學究與薛紹彭皆曾別刻傳世。因此，「定武本」至少有三個版本：水賚佑稱之爲「第一石」（李學究所得）、「第二石」（李學究別刻石）、「第三石」（薛紹彭所刻），並研究指出「定本」即爲第一石；「定州本」即爲第二石；「定武本」爲第三石（文中稱薛道祖所刻，「道祖」爲薛紹彭字，此人即是薛紹彭）。見於水賚佑：〈宋代〈蘭亭序〉之研究〉，收入華人德、白謙慎主編：《蘭亭論集》（蘇州：蘇州大學出版社，2000年9月），頁179。條析頗爲明確，然宋人之論述並完全如此，或因三者同源或因名稱相近易混，如姜夔〈禊帖源流考〉中，先後有「宋景文爲定帥」（趙孟頫手抄原本影印本，見於王連起、郭斌編：《趙孟頫墨跡大觀·上冊》（上海：上海人民美術出版社，1995年5月），頁139。）、「宋景文帥定武」（前揭書，頁140。）之句，則「定」、「定武」不免相淆，首段稱「定武本行於世」，而考論中均稱「定本」，水賚佑所稱的第二石、第三石均在「定本之本末」一段，是以姜夔無定州本之稱，而以「定本」通稱「定本」與「定武本」。是以水賚佑之分析雖有道理，但宋人並未嚴謹使用。

〔註95〕李心傳：〈蘭亭續考·序〉：「因次第其所藏與所見，粹爲一編，以續桑氏之考。」見於楊家駱主編：《法帖考》（臺北：世界書局，1988年11月藝術叢編第一集），頁369。據此故云。

〔註96〕清·紀昀等撰：《四庫全書總目》（台北縣：漢京文化事業有限公司，無出版年月國學要籍叢刊本），卷86，頁467。

繭紙鼠鬚，真跡不復可見，為定武石本，典型具在，展玩無不滿人
意，此帖所宜寶也。

　　右紹興癸丑歲，高皇賜鄭諶本，有御筆「復古殿書」四字，下
　　用「御書之寶」。〔註97〕

為宋高宗賜予鄭諶的定武蘭亭，時入南宋，皇室以〈定武蘭亭〉賜大臣，也
是唐太宗、宋太宗賜書之傳統延續，以〈定武蘭亭〉賜之，顯示其價值之不
凡。〈蘭亭序〉經米芾定為天下第一行書，黃庭堅又以肥瘦各自成妍而稱賞，
南宋高宗用以賜書，益始〈定武蘭亭〉漸趨獨尊，《蘭亭續考》載范成大跋云：

　　惟是定武者筆意彷彿尚存，士大夫通知貴重，皆欲以所藏者當之，
　　而未必皆然。〔註98〕

「定武蘭亭」之版本本不限一本，又一再翻刻，翻刻又翻刻者亦稱「定武蘭
亭」，因為〈定武蘭亭〉是貴重的，翻刻者如《蘭亭續考》記范成大跋語：

　　〈蘭亭〉為書法之祖，南中模仿幾數十本中，不若定武者之勝。
　　〔註99〕

數十本之模仿，自是不乏翻刻本在焉，而〈定武蘭亭〉為最佳。是故，士大
夫家藏〈蘭亭序〉，欲攀附定武以增其價。

　　題跋之簡者僅是題名，而繁複者可藉以抒發一己之見解，並可用作曾經
觀覽或收藏之證據，若為書法領袖，則具有背書之意味，如《蘭亭續考》載
姜夔題跋：

　　此卷有山谷題字，……山谷之孫字子邁，今為農丞，過予，見後題，
　　欲乞去，予不忍與，以為去此題則〈蘭亭〉廢矣。〔註100〕

黃庭堅之孫見到祖父之題跋手跡欲取回，姜夔卻不捨不得給予，以為該卷〈蘭
亭序〉若失去黃庭堅的題跋就沒有價值了，黃庭堅為一代書壇領袖，他的題
跋足為該卷〈蘭亭序〉背書。

　　《蘭亭續考》第一卷收錄有「右不損本。自王順伯而下十五跋」〔註101〕，
或為題跋之奇觀，茲製為表6-1，藉以考察題跋之文化：

─────────────────────

〔註97〕　俞松：《蘭亭續考》，卷1，見於楊家駱主編：《法帖考》（臺北：世界書局，1988
　　　　　年11月藝術叢編第一集），頁371。
〔註98〕　俞松：《蘭亭續考》，卷1，見於楊家駱主編：《法帖考》，頁376。
〔註99〕　俞松：《蘭亭續考》，卷1，見於楊家駱主編：《法帖考》，頁377。
〔註100〕俞松：《蘭亭續考》，卷1，見於楊家駱主編：《法帖考》，頁389。
〔註101〕俞松：《蘭亭續考》，卷1，見於楊家駱主編：《法帖考》，頁383。

表 6-1：《蘭亭續考》卷 1 所收〈蘭亭序〉不損本自「王順伯而下 15 跋」
分類一覽表

編　號	內容概述	分　類	備　註
第 1 跋	王厚之定之爲「舊日定武所拓本」	版本	
第 2 跋	詹體仁稱頌該卷具有右軍清真氣韻	風格	
第 3 跋	樓鑰爲〈蘭亭序〉作五言古詩 1 首	賦詩	
第 4 跋	樓鑰爲〈蘭亭序〉作六言絕句 2 首	賦詩	
第 5 跋	樓鑰爲〈蘭亭序〉作七言古詩 1 首抄寫前三首詩緣由	賦詩記緣	
第 6 跋	詹阜民、趙師夏與武子以示日脩故事於此地並觀此卷	觀覽	
第 7 跋	陸游觀蘭亭當如禪宗勘辨	體悟	
第 8 跋	陳讜借觀	觀覽	
第 9 跋	曾晙觀覽	觀覽	
第 10 跋	常叔度、徐淵子同觀	觀覽	
第 11 跋	寅宏題與林成季等 6 人同觀	觀覽	
第 12 跋	張嗣古審定此本與畢少董所題本相同	版本	
第 13 跋	倪正甫記未斷損本更貴重，超越了沈揆以斷損五字爲版本勘驗的規律	版本	
第 14 跋	李埴、眞德秀、任希夷同觀	觀覽	
第 15 跋	向水若記此本得自施武子	流傳	

　　分類之中之「賦詩」一類雖屬形式不同於其他以內容區分，實因賦詩之
內容廣泛，而且形式特殊，故亦列爲一類。本卷樓鑰三次賦詩，內容遍及蘭
亭修禊當時之描寫、傳藏、版本、個人體悟等等，其中版本敘述最多，是當
時最流行的話題，如樓鑰稱：

　　　　定武爲世第一，此又在定武前，今日錦標玉軸，向來不值一錢。
　　　〔註 102〕
當〈定武蘭亭〉廣泛流行，人人以之爲重，反而產生摹臨本不值一錢的境況，
即便是唐代臨摹本，由於不如〈定武蘭亭〉之化身千萬而廣泛流行，一般俗
士恐怕會認爲定武蘭亭的價值超越唐摹本。

　　故觀覽者就版本發揮雖屬一般話題，卻須對當時版本鑑定有相當的知
識，更須廣博的見聞，如倪正甫所題：

〔註 102〕俞松：《蘭亭續考》，卷 1，見於楊家駱主編：《法帖考》，頁 382。

> 曩年沈揆虞卿蓄〈蘭亭敍〉刻凡百餘本，予嘗見之，要各有所長，
> 而以定武刻爲冠。予問沈何以別其爲定武本，沈以斷損「湍」、「流」、
> 「帶」、「右」、「天」字爲驗。今觀王順伯跋，云未斷損前本尤可貴
> 重，則是沈之前說尚未盡也。以是知見聞不可不博。〔註103〕

沈揆收有〈蘭亭序〉刻本達百餘本，是南宋重要的收藏鑑賞〈蘭亭序〉的三
大家之一，〔註104〕提出鑑賞「定武蘭亭」的重要方法，即薛紹彭斷損之五字
「湍」、「流」、「帶」、「右」、「天」是一大關鍵，但這個規律僅適用於薛紹彭
以後之刻本，之前的「五字不損本」則無可措手足，是以倪正甫發出「見聞
不可不博」之嘆。

　　體悟則可見理解與詮釋之角度，面對林林總總的「定武蘭亭」，南宋士人
仍有繼承北宋尚意一派，如陸游有跋：

> 觀〈蘭亭〉當如禪宗勘辨，入門便了，若待渠開口，堪作什麼？識
> 者一開卷已見精麤。或者推求點畫，參以耳鑑，瞞俗人則可，但恐
> 王内史不肯爾。〔註105〕

陸游將鑑賞〈蘭亭〉類比於禪宗勘辨，因爲內行的人只要一展卷，但觀神采，
已然知其精粗，如果還計較點畫，謂某人某人意見如何如何，實爲耳食之鑑，
只能瞞騙俗人，絕非王羲之本意。以禪宗參悟書法，爲黃庭堅所長，亦爲宋
人一大宗，又如有樓鑰云：

> 響搨固近形，形似神不清，不如參其意，到手隨縱橫，況我筆素濁，
> 何由望群英。〔註106〕

「定武蘭亭」不論多麼精美，總是響搨本，「形近神不清」有米芾石刻不可學
的意識在焉，是以不可拘泥形似，應以我爲準，參透其意，隨手縱橫。

　　《蘭亭續考》第二卷則與第一卷又不同，所收錄的文字都是俞松自身的
收藏，而請李心傳（1167～1204，學者稱秀巖先生）品題，然後由俞松分享出
來，〔註107〕共計有 19 條。正可與前揭「未損本」15 跋相對照，前者爲對相

〔註103〕俞松：《蘭亭續考》，卷1，見於楊家駱主編：《法帖考》，頁383。
〔註104〕周必大有題跋曰：「朝士喜藏金石刻，且殫見洽聞者，莫如沈虞卿、尤延之、
　　　　王順伯。予每咨問焉。」（收入俞松：《蘭亭續考》，卷1，見於楊家駱主編：
　　　　《法帖考》，頁378。）據此故云。
〔註105〕俞松：《蘭亭續考》，卷1，見於楊家駱主編：《法帖考》，頁382。
〔註106〕俞松：《蘭亭續考》，卷1，見於楊家駱主編：《法帖考》，頁382。
〔註107〕據宋・姚咨：〈蘭亭續考・跋〉，見於楊家駱主編：《法帖考》，頁401。

同文本不同的觀點詮釋，後者則同一人對於不同版本的詮釋。〔註 108〕

　　俞松之所以請李心傳題跋，自然是折服於李心傳對〈蘭亭序〉獨到的詮釋，一方面可透過專家的眼光增長或印證自己的見解，另一方面，不免企望因專家的題跋而產生加持作用，增加版本的價值。

　　檢閱俞松《蘭亭續考》卷 2，可發現有兩則爲「蘭亭圖」之鑑賞，分別是第 6 條「江南蕭翼取蘭亭圖」〔註 109〕、第 18 條「徽皇御題王維蘭亭圖又御書何延之蘭亭記」〔註 110〕，此兩則跋文的出現表示「蘭亭圖」爲南宋蘭亭考辨的一部份，此爲桑世昌《蘭亭考》又更進一步延伸，而就其標題所指，《法書要錄》所載之何延之〈蘭亭記〉是許多宋代蘭亭考論時的重要依據，與劉餗《隋唐嘉話》各有支持者。

　　其次，是「定武蘭亭」肥瘦的問題，究竟肥本、瘦本那個佳，李心傳偏向瘦本，如：

　　　　余嘗評壽翁四禊帖，以瘦本爲勝，後見周益公之說亦然。〔註 111〕

壽翁即是俞松本人，一次以四本請李心傳鑑定，李氏認爲瘦本爲勝，並舉周必大爲證，事實上，李心傳偏愛瘦本，如：

　　　　余聞定刻以瘦本爲貴。〔註 112〕

是以李心傳之偏愛瘦本，實是前有所承。有瘦本，自當有肥本，版本一多，自然產生比較，偏愛則不可免也。〔註 113〕

　　俞松所藏〈蘭亭〉版本眾多，而請李心傳品鑑，李心傳能多方詮釋，不論版本或眞僞，甚至從工具到打摹技術均有高見，兩人交情篤厚，互相切磋，亦乃蘭亭一段佳話。

〔註 108〕　由於題跋均爲李心傳所書，本文也考慮將李心傳獨立段落，然而以一件作品　　　　　　來說，〈蘭亭序〉文本之價值在當時自然勝於李心傳跋，版本爲俞松所有，李　　　　　　心傳題跋是題贈予俞松，屬俞松所有，即俞松若不分享，這些題跋將不知所　　　　　　終，此其一也；其次，本段文字著眼於〈蘭亭序〉之考述，重點在詮釋觀點，　　　　　　亦即此段文字在「蘭亭考」中的意義，是以置於此處。
〔註 109〕　俞松：《蘭亭續考》，卷 2，見於楊家駱主編：《法帖考》，頁 396。
〔註 110〕　俞松：《蘭亭續考》，卷 2，見於楊家駱主編：《法帖考》，頁 399。
〔註 111〕　俞松：《蘭亭續考》，卷 2，見於楊家駱主編：《法帖考》，頁 397。
〔註 112〕　俞松：《蘭亭續考》，卷 2，見於楊家駱主編：《法帖考》，頁 399。
〔註 113〕　陸九淵云：「尤延之謂瘦本乃眞定武本，而順伯則主肥者，二公皆好古博雅，　　　　　　所辨古刻之眞僞，皆爲後輩所推，今不同如此，孰能決之？」（宋・桑世昌：　　　　　　《蘭亭考》，見於楊家駱主編：《法帖考》，卷 6，頁 309。）據此故云。

（四）曹士冕的歌訣與題跋書法舉例

　　由於版本審定的話題一直是文士討論的重點之一，發展到後來，產生了版本審定之歌訣，如曹士冕（？～？）之〈定蘭審定訣〉，〔註114〕見載於曹之格《寶晉齋法帖》，有云：

> 書家一詞稱定本，審定由來有要領：「氈墨或因三疊紙，針爪天成八段錦，中古亭列九處刓，最後湍流五字損，界畫八麄九更長，空一尾行意不盡。」〔註115〕

據此，可知此審定歌訣的對象為「定武蘭亭」，其所述要領：首先是墨拓時或使用三層紙張，則有粗細（肥瘦）之不同；次則有「仰」字如針眼、「殊」字如蟹爪之類的鑑定竅門；其次則有「亭」、「列」、「幽」、「盛」、「遊」、「古」、「不」、「群」、「殊」九字刓缺；〔註116〕再其次則為薛紹彭將「湍」、「流」、「帶」、「右」、「天」五字斷損；還有形式上的判定，即界畫「八粗九長」及「空一尾行」，此為審定「定武蘭亭」之具體方法。除此之外，他還提出學習「定武蘭亭」傑出的書家，容後再敘。在此，先審視曹士冕的書學理念：

> 真偽欲區別，驪黃俱小節，摹拓偶濃淡，豈足病奇絕。取玉棄木石，貴完次剝缺，鑒裁先精深，副以右方訣。臨池側勒功未成，磊嵬胸次久不平。〔註117〕

他肯定「定武蘭亭」的價值，認為辨別真偽，枝微末節的鑑定都是細節，還有摹拓濃淡的差異等等都不足以否定「定武蘭亭」的奇絕，掌握鑑定的方法尤須在書寫上取得功效才是目的，這樣的觀點將書法從外圍拉到核心，原本平常不過的事，在當時一再講究版本收藏及鑑定的風氣中，反而成為醍醐灌頂之言，亦是自身窮究「定武蘭亭」版本審定而在書法上荒疏的悔恨之語。

〔註114〕全文見於中國法帖全集編輯委員會編：《中國法帖全集11》（武漢：湖北美術出版社，2002年3月），頁38～41。按：此口訣翻自《星鳳樓帖》，《石刻鋪敘》將作者歸於曾宏父，說見陳一梅：《宋人對〈蘭亭序〉的收藏與研究》，頁133。

〔註115〕中國法帖全集編輯委員會編：《中國法帖全集11》（武漢：湖北美術出版社，2002年3月），頁39。

〔註116〕宋・桑世昌：《蘭亭考・傳刻》：「定武」下列六本，第六本載：「一本『亭』、『列』、『幽』、『盛』、『遊』、『古』、『不』、『群』、『殊』九字不全。」（卷11，頁346。）據此故云。

〔註117〕中國法帖全集編輯委員會編：《中國法帖全集11》（武漢：湖北美術出版社，2002年3月），頁40～41。

再回過頭來省察曹士袞眼中習寫「定武蘭亭」傑出的書家：

> 手追賴有吳姜單，粗於斯文能寫真。〔註118〕

指出當時對於〈蘭亭序〉的書法學習較爲出色的是吳、姜、單三人，指的是吳說、姜夔、單煒三人，單煒曾刻定武蘭亭，〔註119〕可證其興趣，又《書史會要》載：「於訂考法書尤精，字畫遒勁，得二王法度。」〔註120〕惜未見其手跡，茲論吳、姜二人書法藝術如下。

吳說以游絲書最具特色，小楷被稱爲宋朝第一，欲一窺其書與「定武蘭亭」之關係，可由其今傳〈獨孤僧本蘭亭序跋〉（圖6-5）蠡測，此作爲小楷，亦屬雋秀之作，其中「右」、「歲」、「次」、「年」等字都是〈蘭亭序〉中有的字，但是外形卻不是亦步亦趨的形近，而是表現出毛筆書寫的趣味，可見吳說即便書寫小楷，也不是刻畫字形，飄動中還帶有幾分沈著，這股沈著之氣，就是研習定武石刻的表現，故其整體神采還是接近「定武蘭亭」的。

其次是姜夔，小楷亦爲其擅長，除前述〈保母志跋〉外，還可見其〈落水本蘭亭序跋〉（圖6-6），較之〈保母志跋〉，此跋略帶行書筆意，略帶刻畫的感覺則是「定武蘭亭」的本色，其中〈蘭亭序〉有的字，如「蘭亭」、「下觀之」、「有所悟」、「于此癸」等字都可感受到〈蘭亭序〉的影子，而整體筆法一致，相互協調，不會因爲〈蘭亭序〉沒有的字而不協調，相對的，〈蘭亭序〉有的字姜夔也不是亦步亦趨的模擬，可以說是主體性比較高，與宋人尚意的書風相映。

宋人題跋爲一種新興的流行著述形式，南宋人跋於「定武蘭亭」於今可見者，還有收藏家尤袤（1127～1194），爲周必大諮詢對象之一，〔註121〕〈行書蘭亭序跋〉（圖6-7）跋於「定武蘭亭」之後，此件作品，首兩行尚稱衿練，自第三行起漸漸率意，起首「蘭亭序世以」五字爲〈蘭亭序〉中有的字，習染明顯，但隨著跋文的展開，自己的書寫習慣逐漸明顯，是以呈現「率意清峭，

〔註118〕中國法帖全集編輯委員會編：《中國法帖全集11》，頁39。

〔註119〕宋・董史：《皇宋書錄》（北京：中華書局，1991年叢書集成初編本）載：「單煒字炳文。谷中云，西班人，善書。有所刻定武蘭亭傳於世。」下篇，頁38。

〔註120〕明・陶宗儀：《書史會要》（上海：上海書畫出版社，1992年中國書畫全書本第3冊），卷6，頁56。

〔註121〕周必大有題跋曰：「朝士喜藏金石刻，且殫見洽聞者，莫如沈虞卿、尤延之、王順伯。予每咨問焉。」（收入俞松：《蘭亭續考》，卷1，見於楊家駱主編：《法帖考》，頁378。）據此故云。

不拘繩尺」〔註122〕的現象，到第 7、8 行「湍流帶右天」五字亦為〈蘭亭序〉
中所有，已經幾乎不見〈蘭亭序〉的姿態，僅粗細差存梗概，可見尤表收藏、
研究「定武蘭亭」頗有心得，但對於習寫的研習較之前兩家卻有荒疏之感。

圖 6-5：宋・吳說〈獨孤僧本蘭亭序跋〉殘頁

取自張紫樹發行：《書道全集・第 11 卷》（臺北：大陸書店，1989 年 1 月），圖
36 局部。

〔註122〕 王連起主編：《宋代書法》（上海：上海世紀出版股份有限公司、上海科學技
　　　　術出版社；香港：商務印書館，2006 年 5 月故宮博物院藏文物珍品大系本），
　　　　頁 214。圖片說明文字。

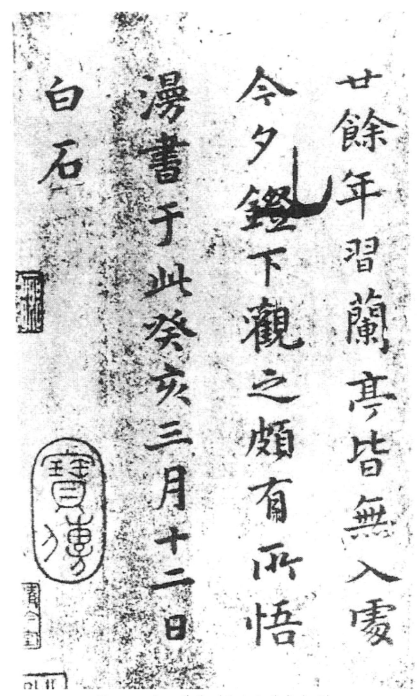

圖 6-6：宋・姜夔〈落水本蘭亭序跋〉

取自張紫樹發行：《書道全集・第 11 卷》（臺北：大陸書店，1989
年 1 月），頁 12。

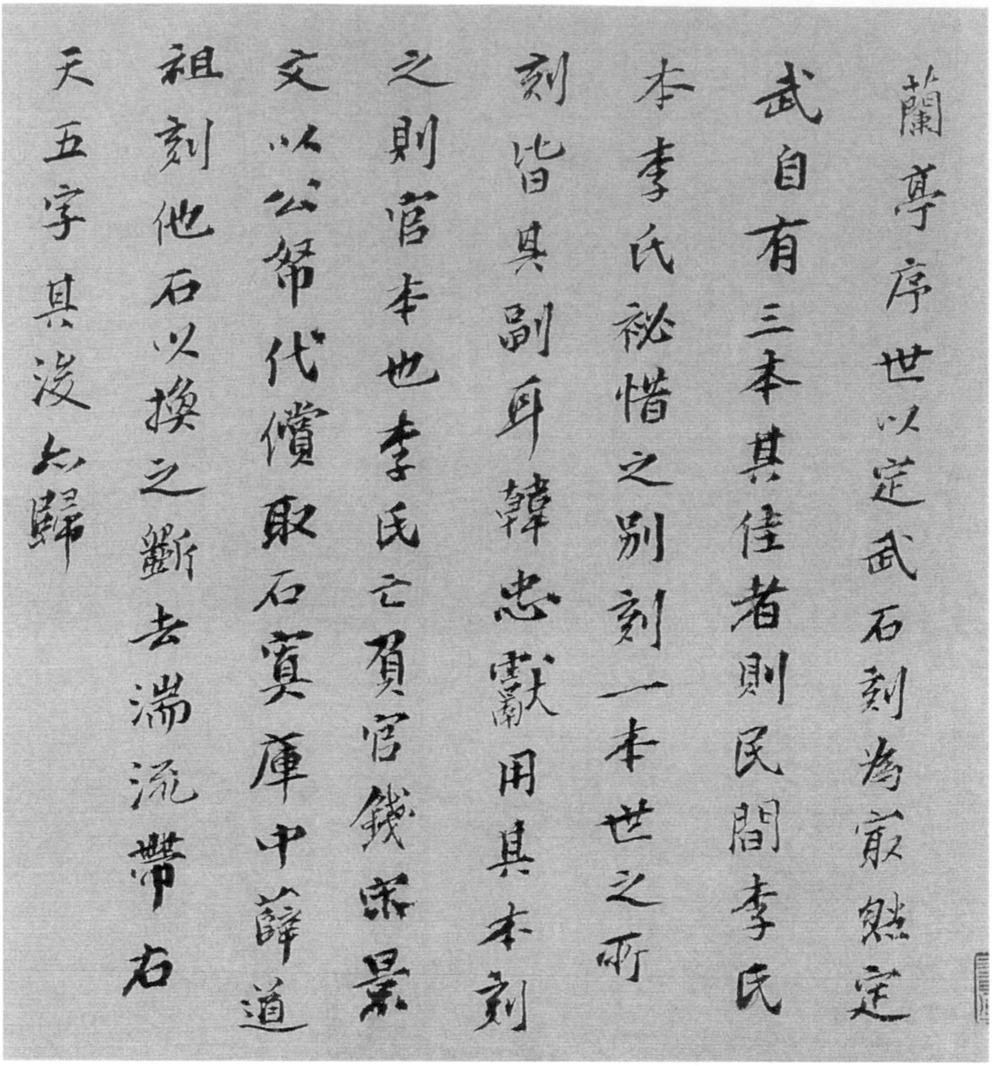
蘭亭序世以定武石刻為最然定
武自有三本其佳者則民間李氏
本李氏秘惜之別刻一本世之所
刻皆其副耳韓忠獻用其本刻
之則官本也李氏亡貨官錢宋景
文以公帑代償取石寘庫中薛道
祖刻他石以換之斷去湍流帶右
天五字其後

圖 6-7：宋・尤袤〈行書蘭亭序跋〉局部

取自王連起主編：《宋代書法》（上海：上海世紀出版股份有限公司、上海科學技術出版社；香港：商務印書館，2006 年 5 月故宮博物院藏文物珍品大系本），頁 215。

又前述之樓鑰，亦有手書傳世（圖 6-8），其縱橫瀟灑，亦在王羲之影響範疇，而己意較多，並依稀可見「定武蘭亭」遺意，可見宋代尚意書風的習氣。

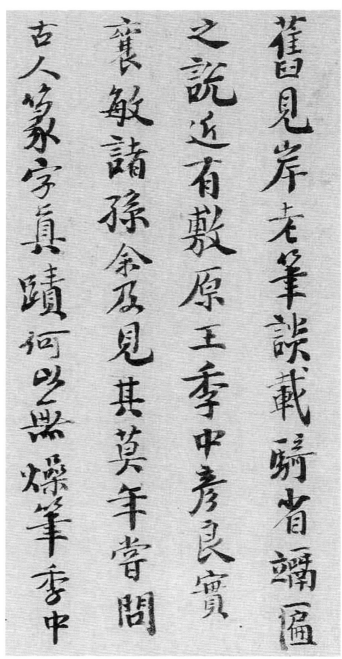

圖 6-8：宋・樓鑰〈行書題徐鉉篆書帖〉局部

取自王連起主編：《宋代書法》（上海：上海世紀出版股
份有限公司、上海科學技術出版社；香港：商務印書館
（香港）有限公司，2006 年 5 月故宮博物院藏文物珍品
大系本），頁 209。

　　若將上述四件具有「定武蘭亭」筆意的題跋書法並觀，可謂各具特色，恰可驗證《蘭亭續考》中所載樓鑰題跋：「響搨固近形，形似神不清，不如參其意，到手隨縱橫。」重視自我筆意發揮的書寫特質。

（五）王柏（1197～1274）〈考蘭亭序〉：「定武蘭亭」流風衰微的跡象

　　王柏曾撰《考蘭》4 卷，筆者尚無緣見得此書，其《魯齋集》卷 4〈序〉中有〈考蘭亭序〉一文，既入於〈序〉類之卷中，並參考本卷其他文章，應屬序文而非本文，有曰：

> 昔有所謂「古蘭」、「杵蘭」、「褚蘭」，今予作《考蘭》四卷，逐字疏
> 於其下云。〔註123〕

所謂「古蘭」、「杵蘭」、「褚蘭」爲〈蘭亭序〉版本的稱呼，疑有一時之爭論，〔註124〕據此則知〈考蘭亭序〉爲一序文，而非「考〈蘭亭序〉」之意。而其書寫方式竟爲「逐字疏於其下」，多至 4 卷，〈蘭亭序〉全文不過 324 字，以 4 卷之篇幅條疏，可謂詳密，而之所以如此從事，乃有其理解〈蘭亭序〉之見解在焉，〈考蘭亭序〉有云：

> 苟能於「永和」、「九」、「觴」、「浪」、「由」、「仰」、「殊」、「列」九
> 字列之中開九方皋之目，亦未爲過。〔註125〕

欲開九方皋見識之眼，竟然求於九字外形的些微區別，全然忘了古來重視直觀的神采，而不見字形的鑑書原則，轉求於枝微末節：「點點畫畫，錙銖而考之。」〔註126〕事實上，南宋部分收藏家不見書跡流傳，甚至是不太練字的，若從書法演化內在系統大流觀察，南宋，尤其到後期，在書法表現上相對衰弱，何傳馨指出：

> 在南宋後半期，論者將注意力放在搨本早晚之考察，至於〈蘭亭序〉
> 本身的書法，以很少去討論了。〔註127〕

〔註123〕宋・王柏：《魯齋集》（北京：中華書局，1985 年叢書集成初編本），卷 4，頁 69。

〔註124〕宋・桑世昌：《蘭亭考・傳刻》載：「杵本。因圖地而得者，有枘竅，初號『杵蘭亭』，後易爲『褚』。」（卷 11）據此故云。見於楊家駱主編：《法帖考》，頁 350。

〔註125〕宋・王柏：《魯齋集》，卷 4，頁 68。

〔註126〕宋・王柏：《魯齋集》，卷 4，頁 69。

〔註127〕何傳馨：〈故宮藏〈定武蘭亭真本〉（柯九思舊藏本）及相關問題〉，見於華人德、白謙慎主編：《蘭亭論集》（蘇州：蘇州大學出版社，2000 年 9 月）頁 333。

除了搨本早晚的考察之外，版本系統與優劣的判別、筆畫細碎的考察等等，就是書法本身的表現問題討論較少，這與唐末討論細碎小巧的筆法遙相呼應，是一種流風衰微的現象之一。〔註 128〕美其名是尚意書風之流，實則主體精神日漸狂妄，不願虛心鍛鍊筆法、講求規矩，書風之衰可立而待。

另一個衰微現象的呈現也可在〈考蘭亭序〉中發現：

> 近世如尤錫山、王復齋皆喜評碑帖，陸象山謂二公於〈蘭亭〉一主肥、一主瘦，二公猶爾，其孰能決之？惟高宗皇帝贊曰：「褉亭遺墨，行書之宗。」真百世不易之訓。予嘗謂山谷之評以薛肥張瘦，惟定武本不瘦不肥，其論雖審，而觀者未悟其意，後之翻刻者，止求於不瘦不肥之間，則字畫停勻，反成吏筆，尚何足以語〈蘭亭〉乎？
>
> 其意蓋曰：定武本有肥有瘦，肥者不剩肉，瘦者不露骨，此右軍之字所以為行書之宗也。夫賞鑑識別之嚴，各隨人品而上下，昧者貴耳賤目，矜己忮善，未易以口舌辨也。〔註 129〕

〈蘭亭序〉之所以在南宋流行，源於黃山谷的推賞，又得到宋高宗「褉亭遺墨，行書之宗。」的讚譽，遂以為百世不易之訓。但因為〈蘭亭序〉「轉相傳禪，子子孫孫變而為數十百種」，末流者不解黃庭堅所謂「定武本不瘦不肥」指的是精神上的穠纖合度，而在外觀形式上弄出「不瘦不肥之間，則字畫停勻，反成吏筆」的版本，從好的一方面來說，未嘗不是〈蘭亭序〉流傳廣袤，以致於一再被翻刻，因為廣大群眾需求，所以弄出肥瘦均勻的、幾近印刷字的版本，是以王柏歎曰：

> 間有雅尚君子絜長度短，博覽研校，不過至定武重開本而止。蓋初本罕落東南，未易見故也。葉公好龍，見真龍而反疑之，紛紛皆然。〔註 130〕

因為東南方，一般人對於〈蘭亭序〉版本不易見到，頂多只見到定武本的重刻本而已，所以一旦見到古本，即便是真本，反而因為與一般所見差異太大而不敢相信，這就難怪需要幾近印刷字的不肥不瘦的版本了。

〔註 128〕陳師欽忠：〈唐代書風衍嬗之研究〉（臺北：國立政治大學中國文學研究所博士論文，1990 年）第 6 章第 2 節指出：在晚唐文化衰滯後，文藝、書法精神均趨向於細碎小巧，審美主題也回歸到帖的書寫，並大談筆法、轉指等細膩的動作，「是和書家的活動範圍，縮回到尋丈的場景之內，因而特重室內生活有關。」（頁 264。）南宋偏安，文士不能在朝廷上經世濟民，又不能遊歷北方壯闊山水，轉而回到書齋把玩〈蘭亭序〉，較量各種刻本便應運而生。

〔註 129〕宋・王柏：《魯齋集》，卷 4，頁 68～69。

〔註 130〕宋・王柏：《魯齋集》，卷 4，頁 69。

第七章　結　論

　　經過第二章至第六章唐宋兩階段對王羲之書法的理解與詮釋的耙梳之後，在此作宏觀之回顧。

　　首先，必須再強調的是本論文的寫作視角，是立基於唐宋之時代背景，以時代眼光、同情的理解去對王羲之書法演化的現象加以論述，在此前提之下，「王羲之書法」是本文觀察與論述的主軸。亦即本文是對於唐宋時期書法活動如何看待王羲之書法的研究。

第一節　唐宋時期對王羲之書法的理解與詮釋的演化規律

　　「唐尚法」、「宋尚意」之書法演化歸納為書壇所共許，然而細部的演化尚待書法研究釐清，本文拉出「王羲之書法」這一條主線，由於這兩個朝代所處理的書法問題都是以「王羲之書法」為核心，能更明晰地理解兩個朝代的演化規律。

　　此演化規律可各以興起、盛大、衰落、消退四階段分述。

　　「唐尚法」的興起是唐太宗廣蒐天下書跡，然後定王羲之為一尊，在此旨意之下，唐代王官集團透過鑑定、教學等手段確實執行；盛大時期亦在初唐時期，書法名家輩出，使王羲之的規範化能獲致全面的成功，遠在敦煌地區都可發現以王羲之書法為典範的遺跡；衰落時期在唐太宗身歿之後，先是王獻之又為人所重視，繼而又有狂草的生發，山陰蠶几自然被取而代之，蓋因前者為粉壁長廊數十，後者僅是几案幾寸；消退時期之指標則是「院體」

的流行，表面看來是王羲之行書體的正體化，但在書法演化大流看來，已經缺乏活力，是爲消退之象。

「宋尚意」的興起是宋太宗刊刻了《淳化閣帖》，也有訂定法式的動機在，但雕版文字缺乏筆墨的活潑氣象，加之以文字演化不再，北宋大家將書法的寫作視爲一己意趣的表達；盛大時期乃因北宋大家一方面批判了《淳化閣帖》，另一方面卻遙接王羲之書法的抒情性；衰敗時期則是南宋高宗的撥正，因爲一己之意的過渡張揚，引起書法的自我膨脹、目無法度，宋高宗已經將尚意導向法度的規範，但效果有限；消退時期現蹤，文士們熱衷於收藏〈蘭亭序〉，考較版本、追索來源等等細瑣的考論紛出，卻不再講究筆墨功夫，若從書法演化的角度看，應當有新的作爲來提振。

檢視「唐尚法」與「宋尚意」的四個階段發展流程，王羲之書法爲其核心問題，唐朝是尚法實踐的成長與衰敗，宋朝則是尚意實踐的成長與衰敗，兩者之書風迥異，而都有盛衰規律。

就整個唐宋時期的發展來看，若王羲之書法置於中心軸線，約可簡單歸納如圖 7-1。在此圖中，初唐時期由於唐太宗獨尊王羲之書法的緣故，使書法規範籠罩於王羲之書之下；初盛唐時期因爲太宗逝世，對王羲之書法的推重減弱，有向下發展之勢，嘗試於新的書寫範式，尤其以發展出狂草與顏眞卿書法距離王羲之典範最遠；中晚唐時期，顏眞卿變革之後，柳公權開始又回

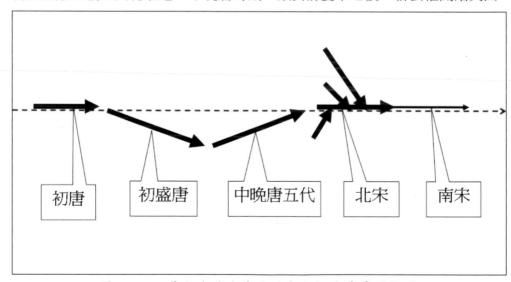

圖 7-1：王羲之書法在唐宋時期之軸線發展關係圖

歸王羲之書法系統；到五代時期，楊凝式與王羲之最爲相契，因而回歸到王羲之書法體系；北宋時期雖有宋太宗刊刻《閣帖》，但書法走上尚意的道路，北宋三大家，各自在王羲之書法上加入新的元素，使王羲之書法拓而爲大，建立尚意書風的基礎。蘇軾見出顏眞卿與王羲之的淵源、黃庭堅加入〈瘞鶴銘〉、米芾加入八分書，爲王羲之書法注入活水，提供後世新的詮釋方向；而南宋時期偏安，拘泥於鑑賞與考證，尤以〈蘭亭序〉爲最，對王羲之書法的表現比較欠缺，在圖示上，只以細線表示。

從宏觀的角度來看，書法在長久的穩定發展之下，完成了實用的階段性任務，此時期約在初唐推重王羲之書法，楷、草、行書均表現規範化的時期，之後，書法便大肆的走向抒情的表現向度中，書法家藉由書法來表現、抒發自己的情感更加顯壑。這一點，可由書字變大的現象來觀察：初唐規範化下的所表現的書法約在寸楷之間，不論歐陽詢、虞世南、褚遂良所書寫的碑板或是《十七帖》、〈書譜〉等書跡之大小與王羲之書法之原跡大小相近；盛中唐張旭、懷素的狂草，則是書於粉壁長廊的全身運動；表現得最爲明顯的是北宋諸家，在王羲之書法之外加入新的元素，所爲者何？無非是表達一己之意，蘇軾融合顏眞卿與王羲之、黃庭堅取徑〈瘞鶴銘〉、米芾參酌八分書，都能使書字變大，一旦書字變大，便有從容的空間表現自我之意趣。

透過長時間的跨度，宏觀的檢視唐宋書風的變化，可知在以王羲之書法爲主線的觀照之下，唐宋書風起伏變化的同異，至於其內部衍嬗之跡，應可由各時期的變化加以分析。

第二節　唐宋時期各階段對王羲之書法的理解與詮釋

初唐時期使王羲之書法規範化：唐代從唐太宗開始，展開統一書法的具體行動。先是廣蒐王羲之書法，徵集完畢以後，藏之內廷，再由王官融通消化之後，透過傳授將書寫法式加以規範，唐代使用的書體有三種，本文從此三方面討論：

楷書：歐陽詢、虞世南、褚遂良號爲初唐三大家，貢獻在楷書方面最爲卓著，唐太宗喜好〈蘭亭序〉，初唐三大家都有臨摹作品，顯示對〈蘭亭序〉的熟稔，並以之與〈樂毅論〉凝定楷書，將飄若浮雲、矯若驚龍的王羲之書法化作嚴謹的律則。歐陽詢、虞世南爲先驅，褚遂良則繼其後。初唐三大家楷書爲實踐王羲之典範最具體的指標。

　　草書：《十七帖》是內廷所定的教科書，透過刪減、調整為今草的規範，幾乎以字字獨立為其本色，看似實用，實則仍有若干連綿，顯現「具體又有彈性」的書寫特質。對照來看，孫過庭官位卑微，〈書譜〉之作，完全伏膺王羲之典則，後設而言，孫過庭〈書譜〉是王羲之的代言。

　　行書：初唐的行書規範以唐太宗本身的實踐為依歸，篤好〈蘭亭〉，廣蒐書法，以寫碑昭示行書也是重要書體；上之所好，下必有所從，〈集字聖教序〉具體的展現唐太宗的好尚的呼應，懷仁備集丹青，開啟王羲之書法集字碑的風尚，王羲之為書聖，不待口號，在具體的行動中已經實踐無遺。

　　此三種書體為唐代已降書寫的主流，從唐太宗謝世後均有新發展。

　　初盛唐時期：孫過庭〈書譜〉為王羲之代言，更明晰的論述唐初的書法思維，對規範的追尋係大一統王國不可避免的工作，闡釋從規矩平正而入險絕、再復歸平正的三階段鍛鍊思維。而初學之門則有〈筆陣圖〉、〈筆勢論〉、永字八法為教學指引，王羲之書法的模式化於為成形；另外一端則是王獻之的抬頭，不在唐太宗蒐羅之列的王獻之富有創造精神，若說王羲之書法的溫柔敦厚已經缺乏激情，王獻之「大人宜改體」的呼喚油然而生，此在李嗣真〈書品後〉隱然可見，在張懷瓘的書論中則是一而再的出現，顯示在書法意趣表現上的轉變。

　　唐太宗規範建立後，由於國勢強盛，且承平漸久，書字越發展大，唐高宗步驅太宗，一以為法，武后則以草書入碑，書寫大字，卻感吃力，李邕變化體勢，抬高右肩為權宜手段，表現突出；草書則揮灑於壁間，張旭首開變革風氣，以公孫大娘舞劍器，求書於書外，與王羲之書系漸行漸遠，說穿了，山陰棐几只合寫小字，當唐代國勢強盛，恣意揮灑絕非小字所能侷限，是以張旭開始變革，其書淵源於晉宋，更求書於書外，由人文之檐夫爭道、鼓吹、舞劍器等悟入成就新的書法創作，開啟唐代下半場書法的序幕。

　　唐玄宗一改初唐褚薛綺麗的書風，講究肥勁，提倡八分書，而〈鶺鴒頌〉仍是一股王羲之書法之體段，加之以肥美，正顯盛唐之華麗與壯闊氣象。大書特書者，非顏真卿莫屬，則為唐代變革代表，張旭有端楷，以「張顛」聞名，人間稱頌者乃是草書，端楷遙接鍾王，狂草展示另一種時代風尚，可為唐代書風轉變的關鍵。

中晚唐五代時期：徐浩工整的楷書是繼承張旭「大字促之令小，小字展之使大」〔註1〕之具體實踐，略顯肥勁以結主意；而顏眞卿以忠烈聞名，安史之亂更成就顏眞卿之盛名，書名之盛，因於人格表現，不足爲奇，卻非僅以人格可以取勝，顏眞卿家族世代留意文字，以「此藝不須過精」爲家訓，在唐代國勢轉衰時大放異彩，其書法因家族流傳而如海納百川，兼容雅俗，具體表徵爲自顏師古〈字樣〉以降的字樣書寫之〈干祿字書〉，判定王羲之爲俗書，對張旭楷書的主張更貫徹爲方塊字的寫就，而行書仍有取資王羲之書法之處。

篆籀復興、八分書復盛，比王羲之更爲古典的取法主張隨著唐代發展而漸漸呈顯，唐代書法有探本尋源之文化意識在，在取資古典書法之呼聲與對王羲之書法厭倦時，韓愈「羲之俗書趁姿媚」之語劃破書壇，表面看來，王羲之書法似被邊緣化，但實際上是另一種精神的靠近。張旭而顏眞卿而懷素，所欲掙脫的爲初唐嚴格的規範，除去典範的束縛，在精神上更靠近王羲之，反而造就王羲之以外的新系統。而亦步亦趨的中晚唐王羲之面貌則屬院體，流行於中晚唐以降，可視爲王羲之行書的標準字體化。晚唐中堅柳公權，繼承顏筋揉合初唐典範以成柳骨，其在殿前大書王羲之書法，顯見柳公權比顏眞卿更重視王羲之書法，行成一種回歸之勢。

近年大規模出土的敦煌文書，則爲唐代對王羲之書法的理解與詮釋提供新的證據與印證。唐代尊奉的〈蘭亭序〉、《十七帖》在此均有臨習的證據，發現的經卷有臨習法帖的高妙的作品，也有初學者不成熟的習字練習，爲唐人習書提供直接之證據，其一爲一而再、再而三多達數十次的臨寫，其二爲在詩文中融入，是一種整全的學習，或是在抄書時收攝筆墨、提高技巧之用。可知唐代推廣王羲之書法的規範化廣泛而且深入。

五代以楊凝式爲由唐入宋的樞紐人物，此樞紐所轉的即是寫俗了的書法意識，楊凝式以「風子」爲時所稱，小楷端整，行書瀟灑，妙接〈蘭亭〉，今所見諸帖面貌懸殊，且一帖一面貌，超脫了規矩，開啓宋人尙意書風的序幕。

北宋時期：太宗亦有訪書蒐羅之舉，鑑書人王著更將好帖刻成《淳化閣帖》，開啓刻帖風氣，《淳化閣帖》之編輯與傳統史書體例相仿，先述王官大臣，次及列傳名家，刻帖 10 卷，王羲之書法佔有 3 卷，王獻之亦有 2 卷，「二

〔註 1〕上海書畫出版社、華東師範大學古籍整理研究室編選點校：《歷代書法論文選》，頁 279。

王」繼續雄踞書壇。北宋刻帖可分官私兩系，中間以《潭帖》為過渡，私家刻帖有《絳帖》、《汝帖》可為代表，然北宋人對刻帖的興趣是在評釋其真偽上，可見出北宋人對王羲之法帖的考證方法與判斷標準。

書法美感的表現以蘇軾、黃庭堅、米芾為首，都在北宋刻帖上有一番功夫。但不同於初唐諸家的嚴謹態度，北宋諸家崇尚自我意趣之表現，在書寫現場突出自我風格，加重筆墨表現。蘇軾透過顏真卿看到王羲之，兩個不同系統的書法在蘇軾慧眼下綰合為一，超越法度，而特別注重人與書的關係；黃庭堅悟入〈蘭亭〉三昧，揉合〈瘞鶴銘〉開啟新的境界，在他的視野中，〈瘞鶴銘〉為王羲之傑作，因此堂而皇之的大書特書，是書法史上，帖學與摩崖書法的首度融合表現；米芾則為北宋最忠實繼承王羲之書法的書家，鑑賞精絕，主張石刻不可學，務從真跡索筆跡，追求魏晉平淡之趣，表現在書法創作上則流麗妍美，多種臨帖傳世，賦予王羲之法帖新的生命，在米芾與蘇軾筆下的法帖臨寫，臨寫的是王羲之法帖，流露的是自我的風格主張。

南宋時期：高宗也崇尚王羲之書法，且有〈翰墨志〉的書法論述，主張形神兼備，並懷抱「追晉轢唐」的書法理想，書寫上偏愛真草兩體併陳的特殊視覺美感，衡諸書法歷史，雖未能躋身一流名家，卻是南宋書壇最重要的王羲之書法發揚者。姜夔〈續書譜〉繼承孫過庭〈書譜〉而有新主張，講究字之真態；陳槱提出王羲之貽害人間的反向思維；而岳珂的《寶真齋法書贊》則藉品書以寄情，語多激憤，而其路向大抵服膺米芾，但在書法具體操作上卻難以相映。南宋還有〈蘭亭序〉流行的文化現象，〈蘭亭序〉在北宋為諸家所稱頌，尤其「定武蘭亭」先在北宋受到黃庭堅的推賞，加之以宋高宗、黃庭堅的加持，一時之間，成為士大夫必備的家藏，也是文士之間討論的話題，版本的繁衍，化身千萬，故而較量版本異同、肥瘦孰佳、題跋再三，甚至模仿東晉文化，重建故址，曲水流觴，緬懷前賢，偏安的南宋追想偏安的東晉，終是走入改朝換代的歷史胡同，呼喚新的時代書風。

王羲之為書法史上的書聖，「經典詮釋」是中國學術表現的一項特色，在書法發展的表現歷史上，唐宋時期許多名家均提出對王羲之書法的理解與詮釋，典範雖同，但表現出來的風格卻不同，書家一方面詮釋王羲之的書法，一方面也表現了自己的價值，經過時間的淘洗，許多唐宋時期的名家也成了後世學習王羲之書法的典範，甚至形成新的宗派，而王羲之書法早已成為諸多書法愛好者的終極關懷了。

參考書目

一、圖書

（一）古籍

1. 東漢・許慎撰、清・段玉裁注：《說文解字注》，臺北：洪葉文化事業有限公司，1998 年 10 月。

2. 東漢・鄭玄箋：《毛詩鄭箋》，臺北：新興書局有限公司，1991 年 10 月影印校相臺岳氏本。

3. 魏、晉、唐：《魏晉唐小楷集》，東京：株式會社二玄社，1990 年 3 月中國法書選本。

4. 東晉・王羲之：《十七帖〈二種〉》，東京：株式會社二玄社，1989 年 9 月中國法書選本。

5. 東晉・王羲之：《蘭亭敘〈五種〉》，東京：株式會社二玄社，1989 年 12 月中國法書選本。

6. 東晉・王羲之：《王羲之尺牘集・下》，東京：株式會社二玄社，1990 年 7 月中國法書選本。

7. 東晉・王羲之：《王羲之尺牘集・上》，東京：株式會社二玄社，1990 年 1 月中國法書選本。

8. 東晉・王羲之：《集字聖教序》，東京：株式會社二玄社，1990 年 4 月中國法書選本。

9. 北齊・顏之推撰、王利器注：《顏氏家訓集解》，臺北縣：漢京文化事業有限公司，1983 年 9 月。

10. 隋・智永：《關中本真草千字文》，東京：株式會社二玄社，1990 年 4 月中國法書選本。

11. 隋・智永：《真草千字文》，東京：株式會社二玄社，1990 年 4 月中國法書選本。

12. 唐・李林甫撰、陳仲夫點校：《唐六典》，北京：中華書局，2005 年 4 月。

13. 唐・李綽：《尚書故實》，臺北：商務印書館，1965 年 12 月叢書集成簡編本（第 707 冊）據寶顏堂本排印。

14. 唐・李邕：《李思訓碑》，東京：株式會社二玄社，1988 年 8 月中國法書選本。

15. 唐・杜佑撰、顏品忠等點校：《通典》，長沙：岳麓書社，1995 年 11 月。

16. 唐・杜甫撰、清・仇兆鰲注，《杜詩詳注》，臺北：漢京文化事業有限公司，1984 年 3 月。

17. 唐・房玄齡等撰：《晉書》，北京：中華書局，2003 年 6 月新校本。

18. 唐・韋續：《墨藪》，上海：上海古籍出版社，1991 年 8 月四庫藝術叢書影印文淵閣四庫全書本

19. 唐・孫過庭：《書譜》，東京：株式會社二玄社，1989 年 9 月中國法書選本。

20. 唐・張彥遠：《法書要錄》，北京：中華書局，1985 年叢書集成初編影印津逮秘書本。

21. 唐・張彥遠：《歷代名畫記》，北京：人民美術出版社，2005 年 11 月中國美術論述叢刊本。

22. 唐・張彥遠輯、洪丕謨點校：《法書要錄》，上海：上海書畫出版社，1986 年 8 月。

23. 唐・張彥遠輯、范祥雍點校：《法書要錄》，北京：人民美術出版社，2004 年 1 月。

24. 唐・劉餗：《隋唐嘉話》，北京：中華書局，2005 年 1 月程毅中點校本。

25. 唐・歐陽詢：《九成宮醴泉銘》，東京：株式會社二玄社，1990 年 4 月。

26. 唐・歐陽詢：《藝文類聚》，董治安主編：《唐代四大類書》，北京：清華大學出版社，2003 年 11 月，冊 2 以 1959 年中華書局影印南宋紹興刻本為底本，並據胡刻本、汪紹楹句讀本修補本。

27. 唐・韓愈：《韓昌黎全集》，臺北：新興書局有限公司，1970 年影印清同治己巳年江蘇書局重刻東雅堂本。

28. 唐・韓愈撰、錢仲聯編：《韓昌黎詩繫年集釋》，臺北：學海出版社，1985 年 1 月。

29. 唐・懷素：《草書千字文（二種)》，東京：株式會社二玄社，1988 年 12 月中國法書選本。

30. 唐・懷素《自敘帖》，東京：株式會社二玄社，1989 年 5 月中國法書選本。

31. 後晉・劉昫：《舊唐書》，北京：中華書局，1997 年 3 月。

32. 南唐・張泊：《賈氏譚錄》，北京：中華書局，1991 年百部叢書集成初編本。

33. 宋・王柏：《魯齋集》，北京：中華書局，1985 年叢書集成初編本。

34. 宋・王溥：《唐會要》，北京：中華書局，1998 年 11 月。

35. 宋・王闢之：《澠水燕談錄》，北京：中華書局，2007 年 12 月。

36. 宋・司馬光撰、元・胡三省音註：《資治通鑑》，北京：中華書局，1996 年 7 月。

37. 宋・朱長文：《墨池編》，上海：上海古籍出版社，1991 年 8 月影印文淵閣四庫全書本。

38. 宋・米芾：《寶晉英光集》，臺北：藝文印書館，1966 年（未記月）百部叢書集成據涉聞梓舊本影印。

39. 宋・米芾：《寶章待訪錄》，四庫全書存目叢書編纂委員會編：《四庫全書存目叢書・史部八四》，濟南：齊魯書社，1996 年 8 月。

40. 宋・米芾：《寶章待訪錄》，臺北：世界書局，1992 年 10 月藝術叢編本。

41. 宋・周必大：《益公題跋》，臺北：世界書局，1992 年 3 月藝術叢編第一集。

42. 宋・周密：《癸辛雜識》，上海：上海古籍出版社，1991 年 12 月影印文淵閣四庫全書本。

43. 宋・周密：《齊東野語》，臺北：廣文書局有限公司，1969 年 9 月筆記續編本。

44. 宋・岳珂：《寶眞齋法書贊》，臺北：世界書局，1962 年 11 月藝術叢編第一集。

45. 宋・姜夔：《絳帖平》，北京：中華書局，1985 年影印叢書集成初編本。

46. 宋・洪适：《隸釋》，北京：中華書局 2003 年 12 月古代字書集刊本。

47. 宋・洪邁：《容齋隨筆》，上海：上海古籍出版社，1998 年 3 月。

48. 宋・桑世昌：《蘭亭考》，臺北：世界書局，1988 年 11 月藝術叢編第一集。

49. 宋・留元剛編：《宋拓本顏眞卿忠義堂帖》，上海：西泠印社出版社，1994 年 8 月。

50. 宋・秦觀：《法帖通解》，臺北：世界書局，1988 年 11 月藝術叢編第一集。

51. 宋・秦觀：《淮海題跋》，臺北：世界書局，1992 年 3 月藝術叢編第一集。

52. 宋・張邦基《墨莊漫錄》，臺北：商務印書館，（未記年）四部叢刊三編影印江安傅氏雙鑑樓藏明鈔本。

53. 宋・曹士冕：《法帖譜系》，北京：中華書局，1985 年叢書集成初編本。

54. 宋・許開：《二王帖評釋》，清・陳慶年橫山草堂 1914 年據康熙 18 年俞良貴臨本刻製。

55. 宋‧郭若虛撰、黃苗子點校：《圖畫見聞誌》，北京：人民美術出版社，2005 年 11 月。

56. 宋‧陳思：《書小史》，上海：上海古籍出版社，1991 年 8 月影印文淵閣四庫全書本。

57. 宋‧陳思：《書苑菁華》，上海：上海古籍出版社，1991 年 8 月影印文淵閣四庫全書本。

58. 宋‧陳思：《書苑菁華》，北京：北京圖書館出版社，2003 年 10 月，影印翠琅玕館叢書本。

59. 宋‧陳振孫：《直齋書錄解題》，北京：中華書局，2006 年宋元明清書目題跋叢刊影印武英殿聚珍版。

60. 宋‧陳槱：《負暄野錄》，臺北：世界書局，1992 年 10 月藝術叢編第一集。

61. 宋‧曾宏父：《石刻鋪敘》，北京：中華書局，1985 年叢書集成初編本。

62. 宋‧黃伯思：《宋本東觀餘論》，北京：中華書局，1988 年 8 月。

63. 宋‧黃庭堅：《山谷題跋》，臺北：世界書局，1992 年 3 月藝術叢編第一集。

64. 宋‧黃庭堅：《豫章黃先生文集》，上海：上海商務印書館，1965 年影印四庫叢刊初編縮印嘉興沈氏藏宋本。

65. 宋‧楊萬里：《誠齋詩話》，收入丁福保輯：《歷代詩話續編》（上），臺北：木鐸出版社，1983 年 9 月。

66. 宋‧葉孟德撰、宇文紹奕考異、侯忠義點校：《石林燕語》，北京：中華書局，1997 年 12 月。

67. 宋‧董逌：《廣川書跋》，北京：中華書局，1985 年影印津逮秘書本。

68. 宋‧賈似道：《悅生所藏書畫別錄》，臺北：世界書局 1977 年 12 月藝術叢編第一集第十七冊。

69. 宋‧趙希鵠：《洞天清祿集》，北京：中華書局，1985 年叢書集成初編本。

70. 宋‧趙明誠：《宋本金石錄》，北京：中華書局，1991 年 1 月。

71. 宋‧趙構：《翰墨志》，臺北：世界書局，1992 年 10 月藝術叢編第一集。

72. 宋‧趙與時：《賓退錄》，臺北：廣文書局，1969 年 9 月筆記續編本。

73. 宋‧劉次莊：《法帖釋文》，臺北：世界書局，1988 年 11 月藝術叢編第一集。

74. 宋‧劉球：《隸韻》，北京：中華書局，1989 年 11 月。

75. 宋‧劉敞：《公是集》，北京：中華書局，1985 年叢書集成初編本。

76. 宋‧撰人未詳：《宣和書譜》，北京：中華書局 1985 年，叢書集成初編影印津逮秘書本。

77. 宋·歐陽永叔：《歐陽修全集》，北京：中國書店，1991 年 9 月。

78. 宋·歐陽脩、宋祁：《新唐書》，北京：中華書局，1997 年 3 月新校本。

79. 宋·歐陽棐：《集古錄目》，收入宋·洪适：《隸釋》，北京：中華書局 2003 年 12 月古代字書集刊本。

80. 宋·蔡襄：《宋端明殿學士蔡忠惠公文集》，北京：綫裝書局，2004 年宋集珍本叢刊影印清雍正甲寅刻本。

81. 宋·薛居正等撰：《舊五代史》，上海：上海古籍出版社，1995 年 12 月。

82. 宋·蘇軾：《東坡題跋》，臺北：世界書局，1992 年 3 月藝術叢編第一集。

83. 元·脫脫等撰：《宋史》，上海：上海古籍出版社，1995 年 12 月。

84. 元·劉因：《靜修先生文集》，北京：中華書局，1985 年叢書集成初編本。

85. 明·朱存理：《珊瑚木難》，上海：上海書畫出版社，1992 年 10 月中國書畫全書本第 3 冊。

86. 明·邢侗：《來禽館集》，四庫全書存目叢書編輯委員會編：《四庫全書存目叢書·集部一六一》，濟南：齊魯書社，1997 年 7 月。

87. 明·張丑：《清和書畫舫》，上海：上海書畫出版社，1992 年 10 月中國書畫全書本第 4 冊。

88. 明·張溥：《漢魏六朝百三名家集》，南京：江蘇古籍出版社，2002 年 3 月。

89. 明·陳繼儒：《妮古錄》，臺北：世界書局，1962 年藝術叢編第 1 集。

90. 明·陶宗儀：《書史會要》，上海：上海書畫出版社，1992 年 10 月中國書畫全書本第 3 冊。

91. 清·王弘撰：《十七帖述》，清·王晫、張潮編纂：《檀几叢書》，上海：上海古籍出版社，1992 年 6 月。

92. 清·王先謙：《莊子集解》，北京：中華書局，2006 年 10 月影印諸子集成本。

93. 清·沈曾植著、錢仲聯編：《海日樓札叢（外一種)》，上海：上海古籍出版社，2009 年 3 月。

94. 清·阮元校勘，《十三經注疏·左傳》，臺北：藝文印書館，2001 年 12 月。

95. 清·周行仁：《淳化祕閣法帖源流考》，上海：上海書店，1994 年叢書集成續編本第 86 冊。

96. 清·紀昀等撰：《四庫全書總目》，台北縣：漢京文化事業有限公司，無出版年月，國學要籍叢刊木。

97. 清·胡世安：《禊帖綜聞》，四庫全書存目叢書編纂委員會編：《四庫全書存目叢書·史部二七八》，濟南：齊魯書社，1996 年 8 月。

98. 清‧孫岳頒：《佩文齋書畫譜》，臺北：新興書局，1982 年 9 月。

99. 清‧孫承澤：《庚子銷夏錄》，上海：上海書畫出版社，1994 年 10 月中國書畫全書本。

100. 清‧翁方綱：《蘇米齋蘭亭考》，臺北：世界書局，1988 年 11 月藝術叢編第一輯。

101. 清‧梁詩正等編：《三希堂法帖（附釋文）》，杭州：浙江古籍出版社，1997年 11 月。

102. 清‧陸心源輯、清‧董誥等編：《唐文拾遺》，顧廷龍主編：《續修四庫全書》，上海：上海古籍出版社，1995 年。

103. 清‧彭定求等編：《全唐詩》，臺北：明倫出版社，1971 年 5 月。

104. 清‧程文榮：《南邨帖攷》，上海：上海書店，1994 年叢書集成續編本第86 冊。

105. 清‧楊守敬：《激素飛清閣評碑記》，陳上岷編：《楊守敬評碑評帖記》，北京：文物出版社，1990 年。

106. 清‧葉昌熾撰、柯昌泗評：《語石 語石異同評》，北京：中華書局，2005年 4 月。

107. 清‧董誥等編：《欽定全唐文》，臺北：大通書局，1975 年 4 月。

108. 清‧趙之謙選、趙而昌標點整理：《章安雜說》，上海：上海人民美術出版社，1999 年 6 月。

109. 清‧劉熙載：《藝概》，臺北：漢京文化事業有限公司，1985 年 9 月四部刊要本。

110. 清‧董誥等編，《欽定全唐文》，臺北：大通書局，1975 年 4 月。

（二）近人著作

1. 上海書畫出版社、華東師範大學古籍整理研究室編選點校：《歷代書法論文選》，上海：上海書畫出版社，2000 年 12 月。

2. 上海書畫出版社編：《書法自學叢帖——行草‧下冊》，上海：上海書畫出版社，1990 年 3 月。

3. 上海書畫出版社編：《蘭亭序二十二種》，上海：上海書畫出版社，1998年 5 月。

4. 中國法帖全集編輯委員會編：《中國法帖全集 1》，武漢：湖北美術出版社，2002 年 3 月。

5. 中國法帖全集編輯委員會編：《中國法帖全集 10》，武漢：湖北美術出版社，2002 年 3 月。

6. 中國法帖全集編輯委員會編：《中國法帖全集 11》，武漢：湖北美術出版社，2002 年 3 月。

7. 中國法帖全集編輯委員會編：《中國法帖全集 14》，武漢：湖北美術出版社，2002 年 3 月。

8. 中國法帖全集編輯委員會編：《中國法帖全集 16》，武漢：湖北美術出版社，2002 年 3 月。

9. 中國法帖全集編輯委員會編：《中國法帖全集 17》，武漢：湖北美術出版社，2002 年 3 月。

10. 中國法帖全集編輯委員會編：《中國法帖全集 2》，武漢：湖北美術出版社，2002 年 3 月。

11. 中國法帖全集編輯委員會編：《中國法帖全集 5》，武漢：湖北美術出版社，2002 年 3 月。

12. 中國法帖全集編輯委員會編：《中國法帖全集 7》，武漢：湖北美術出版社，2002 年 3 月。

13. 中國法帖全集編輯委員會編：《中國法帖全集 8》，武漢：湖北美術出版社，2002 年 3 月。

14. 中國書法編輯組：《柳公權》，北京：文物出版社，1980 年 6 月。

15. 尹一梅主編：《懋勤殿本淳化閣帖（上）》，香港：商務印書館，2005 年 7 月故宮博物院藏文物珍品全集本。

16. 尹樹人、徐純原編：《高二適手批唐李治大唐記功頌》，南京：江蘇美術出版社，2011 年 5 月。

17. 水賚佑編：《《淳化閣帖》集釋》，上海：上海古籍出版社，2009 年 12 月。

18. 王仁鈞：《書譜導讀》，臺北：蕙風堂筆墨有限公司出版部，2007 年 9 月。

19. 王玉池：《二王書藝論稿》，北京：文化藝術出版社，2001 年 8 月。

20. 王壯弘：《帖學舉要》，上海：上海世紀出版股份有限公司上海書店出版社，2008 年 10 月。

21. 王宏生：《北宋書學文獻考論》，上海：上海三聯書店，2008 年 3 月。

22. 王連起、郭斌編：《趙孟頫墨跡大觀》，上海：上海人民美術出版社，1995 年 5 月。

23. 王連起主編：《宋代書法》，上海：上海世紀出版股份有限公司、上海科學技術出版社；香港：商務印書館，2006 年 5 月故宮博物院藏文物珍品大系本。

24. 王鎮遠：《中國書法理論史》，合肥：黃山書社，1996 年 11 月。

25. 朱建新：《孫過庭書譜箋證》，香港：中華書局香港分館，1985 年 9 月。

26. 朱關田：《唐代書法考評》，浙江：人民美術出版社，1992 年 2 月。

27. 朱關田：《唐代書法家年譜》，南京：江蘇教育出版社，2001 年 8 月。

28. 江吟主編：《王羲之書法全集》，杭州：西泠印社出版社，2008 年 6 月。

29. 余紹宋：《書畫書錄解題》，北京：北京圖書館出版社，2003 年 3 月據 1932 年國立北平圖書館排印本影印。

30. 佚名：《王羲之書法字典》，臺北：藍燈文化事業股份有限公司，1996 年 5 月。

31. 佚名：《北宋以前拓本歐陽詢九成宮》，臺北：華正書局，1994 年 9 月。

32. 佚名：《唐褚遂良臨蘭亭帖》，臺北：國立故宮博物院，1977 年 6 月。

33. 佚名：《書跡名品叢刊（合訂本）第七卷‧瘞鶴銘》，東京：株式會社二玄社，2001 年 1 月。

34. 佚名：《廟堂碑唐石本》，臺北：華正書局，1981 年 1 月。

35. 李郁周：《中國書史書跡論集》，臺北：蕙風堂筆墨有限公司出版部，2003 年 2 月。

36. 李郁周：《書理書跡研究》，臺北：蕙風堂筆墨有限公司出版部，1997 年 3 月。

37. 李郁周：《懷素自敘帖千年探祕》，臺北：蕙風堂筆墨有限公司出版部，2003 年 4 月。

38. 李潤桓等編：《祕閣皇風》，香港：香港中文大學文物館，2003 年 10 月。

39. 李澤厚、劉綱紀：《中國美學史》，臺北縣：漢京文化事業有限公司，1986 年 8 月。

40. 沈樂平：《敦煌書法綜論》，杭州：浙江古籍出版社，2009 年 10 月。

41. 沃興華編：《敦煌書法藝術》，上海：上海人民出版社，1994 年 12 月。

42. 林志鈞：《帖考》，臺北：華正書局，1985 年 7 月。

43. 施安昌編：《顏真卿書干祿字書》，北京：紫禁城出版社，1992 年 7 月。

44. 柳詒徵：《中國文化史》，北京：東方出版社，無出版日期。

45. 洪惟仁譯：《書道全集‧第 12 卷》，臺北：大陸書店，1998 年 2 月。

46. 洪惟仁譯：《書道全集‧第 9 卷》，臺北：大陸書店，1998 年 2 月。

47. 洪漢鼎：《當代哲學詮釋學導論》，臺北：五南圖書出版股份有限公司，2011 年 3 月。

48. 洪漢鼎：《詮釋學史》，臺北：桂冠圖書股份有限公司，2002 年 6 月。

49. 祈小春，《邁世之風——有關王羲之資料與人物的綜合研究》，台北：石頭出版有限公司，2007 年 8 月。

50. 祈小春：《山陰道上：王羲之研究叢札》，杭州：中國美術學院出版社，2009 年 12 月。

51. 胡奇光：《中國小學史》，上海：上海人民出版社，1987 年 11 月。

52. 容庚：《叢帖目》，臺北：華正書局有限公司，1984 年 2 月。

53. 馬宗霍：《書林藻鑑》，臺北：台灣商務印書館，1982 年 5 月。

54. 馬國權：《智永草書千字文草法解說》，香港：翰墨軒出版有限公司，1995 年 7 月。

55. 崔爾平編選、點校：《歷代書法論文選續編》，上海：上海書畫出版社，1991 年 11 月。

56. 張天弓：《張天弓先唐書學考辨文集》，北京：榮寶齋出版社，2009 年 12 月。

57. 張彥生：《善本碑帖錄》，北京：中華書局，1984 年 2 月。

58. 張紫樹發行：《書道全集·第 11 卷》，臺北：大陸書店，1989 年 1 月。

59. 啓功：《啓功叢稿》，臺北：華正書局，1991 年 5 月。

60. 啓功：《論書絕句》，香港：香港商務印書館，1985 年 3 月。

61. 曹寶麟：《中國書法史·宋遼金卷》，南京：江蘇教育出版社，1999 年 10 月。

62. 莊嚴：《山堂清話》，臺北：國立故宮博物院，1980 年 8 月。

63. 陳一梅：《宋人關於〈蘭亭序〉的收藏與研究》，杭州：中國美術學院出版社，2011 年 3 月。

64. 陳志平：《黃庭堅書學研究》，北京：中華書局，2006 年 10 月。

65. 陳振濂：《書法美學》，西安：人民美術出版社，1996 年 10 月。

66. 陳振濂：《線條的世界——中國書法文化史》，杭州：浙江大學出版社，2002 年 10 月。

67. 陳祚龍編：《敦煌資料考屑》，臺北：臺灣商務印書館，1979 年 6 月。

68. 曾憲通編：《容庚文集》，廣州：中山大學出版社，2004 年 11 月。

69. 華人德、白謙慎主編：《蘭亭論集》，蘇州：蘇州大學出版社，2000 年 9 月。

70. 黃正雨、王心裁輯校：《米芾集》，武漢：湖北教育出版社，2002 年 5 月。

71. 黃永武主編：《敦煌寶藏》，臺北：新文豐出版公司，1986 年 8 月，冊 124。

72. 黃永武主編：《敦煌寶藏》，臺北：新文豐出版公司，1986 年 8 月，冊 134。

73. 黃宗義：《褚遂良楷書風格研究》，臺北：蕙風堂筆墨有限公司出版部，1999 年 4 月。

74. 黃宗義：《歐陽詢書法之研究》，臺北：蕙風堂筆墨有限公司，1988 年 3 月。

75. 黃宗義：《顏眞卿書法研究》，臺北：蕙風堂筆墨有限公司出版部，1994 年 4 月。

76. 黃緯中：《書史拾遺》，臺北：糜研齋筆墨有限公司，2004 年 11 月。

77. 黃緯中：《楊凝式》，臺北：石頭出版社，2005 年 4 月。

78. 楊家駱主編：《唐文粹》，臺北：世界書局，1972 年 2 月。

79. 楊家駱主編：《蘇東坡全集》，臺北：世界書局，1996 年 2 月。

80. 董仁惠主編：《顏真卿書東方朔畫贊碑東方先生墓碑》，青島：青島海洋大學出版社，1990 年 8 月。

81. 臺靜農：《靜農論文集》，臺北：聯經出版事業公司，1991 年 6 月。

82. 劉正成主編：《中國書法全集·23 李邕等》，北京：榮寶齋，1996 年 8 月。

83. 劉正成主編：《中國書法全集·37 米芾一》，北京：榮寶齋，1992 年 3 月。

84. 劉正成主編：《中國書法全集·38 米芾二》，北京：榮寶齋，1992 年 3 月

85. 劉正成主編：《中國書法全集·40 趙構等》，北京：榮寶齋，2000 年 5 月。

86. 劉正成主編：《中國書法全集·62 王鐸二》，北京：榮寶齋，1995 年 7 月。

87. 劉正成主編：《中國書法鑑賞大辭典》，北京：大地出版社，1989 年 10 月。

88. 劉建國、潘美雲：《瘞鶴銘石刻考證》，南京：江蘇人民出版社，2006 年 11 月。

89. 劉高志主編：《懷素書法全集》，杭州：西泠印社出版社，2009 年 1 月。

90. 劉遠山編：《宋搨陝刻本聖母帖·藏真帖·律公帖：懷素》，杭州：西泠印社，2004 年 12 月。

91. 劉遠山編：《宋搨十七帖兩種》，杭州：西泠印社，2004 年 10 月。

92. 鄭汝中：〈唐代書法藝術與敦煌寫卷〉，《敦煌研究》1996 年第 2 期，頁 124。

93. 鄭聰明：《試論〈集字聖教序〉的體勢特徵》，臺北：台北市立美術館，1987 年 8 月。

94. 鄭聰明：《〈九成宮醴泉銘〉的特徵》，臺北：蕙風堂筆墨有限公司，1990 年 2 月。

95. 錢鍾書：《管錐編》，蘭馨室書齋，出版地及年月不詳。

96. 戴蘭村譯：《書道全集·第 4 卷》，臺北：大陸書店，1989 年 1 月。

97. 戴蘭村譯：《書道全集·第 7 卷》，臺北：大陸書店，1989 年 1 月。

98. 戴蘭村譯：《書道全集·第 8 卷》，臺北：大陸書店，1989 年 1 月。

99. 薛海洋、陳輝編：《唐陳尚仙墓誌》，鄭州：河南美術出版社，2008 年 3 月。

100.叢文俊：《叢文俊書法研究文集》，北京：中國文聯出版社，1999 年 10 月。

101.饒宗頤：《饒宗頤二十世紀學術文集·敦煌學·法京所藏敦煌群書籍書法題記》，臺北：新文豐出版有限公司，2003 年 10 月。

102. 饒宗頤編集：《敦煌書法叢刊　第一八卷　碎金（一）》，東京：二玄社，1983 年 10 月。

103. 龔鵬程：《書藝叢談》，宜蘭：佛光人文社會學院，2001 年 6 月。

104.（日）中田勇次郎：《中田勇次郎著作集·第二卷》，東京：株式會社二玄社，1984 年 9 月。

105.（日）中田勇次郎：《中田勇次郎著作集·第三卷》，東京：株式會社二玄社，1984 年 9 月。

106.（日）中田勇次郎撰、盧永璘譯：《中國書法理論史》，天津：天津古籍出版社，1987 年 12 月。

107.（日）伏見冲敬撰、賓金蘭譯：《中國書法史》，天津：人民美術出版社，2000 年 7 月。

108.（日）宇野雪村編：《王羲之書跡大系》，東京：東京美術，2004 年 4 月。

109.（日）西川寧：《西川寧著作集·第二卷·中國書法叢考 二》，東京：二玄社，1991 年 7 月。

110.（日）梅原清山主編：《唐楷書字典》，東京：二玄社，1994 年 10 月。

111.（美）孔恩（Thomas S.Kuhn）著，程樹德等譯：《科學革命的結構》，臺北：遠流出版事業股份有限公司，1994 年 7 月。

112.（德）L・レダローゼ著、日・塘耕次譯：《米芾》，東京：二玄社，1987 年【人與藝術】本。

113.（德）漢斯－格奧爾格·達伽默爾著，洪漢鼎譯：《詮釋學Ⅰ真理與方法》，北京：商務印書館，2007 年 4 月。

二、期刊論文

1. 《中國書法》2012 年 8 月，總第 232 期，頁 116。（編輯圖片）

2. 《書法叢刊》2004 年第 6 期（第 82 期）。（編輯圖片）

3. 《書法叢刊》2005 年第 3 期，總第 85 期。（編輯圖片）。

4. 《墨》スペシャル第 14 號，《中國碑刻紀行》，1993 年 1 月（編輯圖片）

5. 于寧、李慧斌：〈唐代「院體」書風考論〉，《中國書法》2012 年第 10 期（總第 234 期），頁 82～95。

6. 方波：〈宋元明時期的「崇王（羲之）」觀念研究〉，杭州：中國美術學院美術學博士論文，2008 年。

7. 方愛龍：〈南宋書法發展的三個歷史階段〉，《中國書法》2010 年 11 月，總 211 期，頁 44～50。

8. 水賚佑：〈宋代〈蘭亭序〉之研究〉，見於華人德、白謙慎主編：《蘭亭論集》，蘇州：蘇州大學出版社，2000 年 9 月，頁 175～184。

9. 王忠勇：〈關於「時代書風」的思考〉，《中國書法》2011 年 7 月，總 219 期，頁 113～116。

10. 白銳：〈從唐太宗的「〈蘭亭〉情結」說開去〉，《中國書法》2006 年第 5 期（總第 257 期），頁 79～81。

11. 白鶴：〈王羲之顏真卿異同論〉，《書法研究》1999 年第 5 期（總第 91 期），頁 69～84。

12. 何傳馨：〈故宮藏〈定武蘭亭真本〉（柯九思舊藏本）及相關問題〉，華人德、白謙慎主編：《蘭亭論集》，蘇州：蘇州大學出版社，2000 年 9 月，頁 331～344。

13. 呂書慶：〈奇通妙理翩若真仙──從唐代草書歌詩看懷素狂草創作〉，《中國書法》總 232 期，2012 年 12 月，頁 94～101。

14. 李錦繡：〈試論唐代的弘文、崇文館生〉，《文獻》1997 年第 2 期，頁 71～85。

15. 佘雪曼：〈談王羲之蘭亭敘與唐摹本〉，《書譜》1977 年 12 月，總第 19 期，頁 69。

16. 邵磊：〈〈瘞鶴銘〉書人考證〉，丁超主編：《〈瘞鶴銘〉國際學術研討會論文集》，鎮江：江蘇大學出版社，2009 年 12 月，頁 111～141。

17. 柳樹儀：〈柳公權書法及其教學研究〉，高雄師範大學國文教學碩士論文，2007 年。

18. 洪文雄，〈虞世南《孔子廟堂碑》與歐陽詢《九成宮醴泉銘》之比較研究〉，《進修暨推廣部暑期學士學位班學生獨立研究專輯》第六期，台中市：國立台中師範學院，1997 年 6 月，頁 67～91。

19. 洪文雄：〈唐人楷書的文化意涵〉，臺中：國立中興大學中國文學系碩士論文，2004 年 7 月。

20. 洪文雄：〈淺談智永與懷素草書千字文的同字異形〉，《斑馬集》第 1 期，1998 年 10 月，頁 1～9。

21. 洪文雄：〈楷體字的特質析論〉，劉瑩主編：《漢字書法教育研究論集》，臺中：國立臺中教育大學語文教育學系，2008 年 11 月，頁 81～90。

22. 洪文雄：〈論中國歷代對孫過庭〈書譜〉的評價與詮釋〉，《逢甲人文社會學報》，臺中：逢甲大學人文社會學院，第 20 期，2010 年 6 月，頁 143～185。

23. 胡曉瑞：〈羲獻父子書法接受研究〉，濟南：山東大學文藝美學碩士論文，2005 年 5 月。

24. 唐耕餘：〈〈筆陣圖〉蛻化階段及其內容〉，《書法叢刊》2000 年第 4 期（總第 64 期），頁 75～90。

25. 殷蓀，〈論張旭‧上〉，《書法研究》，上海：上海書畫出版社，1987 年 12 月，第四期，總第三十輯，頁 25～36。

26. 烏瑩君：〈唐玄宗〈鶺鴒頌〉考論〉，《中國書法》2012 年第 10 期（總第 234 期），頁 54～59。

27. 祝帥：〈「蘭亭論辨」及其當代迴響──對新中國書法史史學主題演講學術譜系的一種描述〉，《中國書法》，2012 年 6 月，總 230 期，頁 159～162。

28. 翁闓運：〈談〈瘞鶴銘〉〉，《書譜》1979 第 3 期（總第 28 期），頁 16～21。

29. 梁培先：〈從書齋走向神龕──北宋中後期的「顏真卿熱」考辨〉，邱振中主編：《書法與中國社會》，北京：中國人民大學出版社，2011 年，頁 277～304。

30. 莊千慧：〈心慕與手追──中古時期王羲之書法接受研究〉，臺南：國立成功大學中國文學研究所博士論文，2009 年。

31. 陳一梅：〈宋代叢帖中的〈蘭亭序〉刻本〉，《書法》2011 年第 8 期，頁 40～42。

32. 陳忠康：〈〈蘭亭序〉版本流變與影響〉，北京：中央美術學院美術學博士論文，2008 年 5 月

33. 陳師欽忠，〈唐代書風衍嬗之研究〉，臺北：國立政治大學中國文學研究所博士論文，1990 年。

34. 陳琪：〈敦煌遺書書法淺探〉，蘭州：蘭州大學歷史文化學院敦煌學研究所博士論文，2007 年 5 月。

35. 陶喻之：〈〈瘞鶴銘〉作者膚談〉，丁超主編：《〈瘞鶴銘〉國際學術研討會論文集》，鎮江：江蘇大學出版社，2009 年 12 月，頁 168～174。

36. 黃緯中：〈唐代書法社會研究〉，臺北：中國文化大學史學所博士論文，1993 年。

37. 葉俊：〈二王書風的影響及其分期研究〉，成都：四川大學藝術學院美術學碩士論文，2007 年 4 月。

38. 劉寫陶：〈五代書家楊凝式〉，《書譜》1980 年 6 月（總第 34 期），頁 78～80。

39. 蔡淵迪：〈敦煌本〈筆勢論〉殘卷研究〉，《敦煌研究》，2010 年第 3 期（總第 121 期），頁 111～114。

40. 鄭汝中：〈唐代書法藝術與敦煌寫卷〉，《敦煌研究》1996 年第 2 期，頁 124。

41. 鎮江博物館、焦山碑刻博物館：〈鎮江焦山〈瘞鶴銘〉碑刻發掘簡報〉，《東南文化》2001 年第 11 期，總第 151 期，頁 44～48。

42. （日）石川九楊：〈巨大なる反動─，孫過庭書譜〉，《墨》1995 年 4 月，第 20 卷第 2 號（總第 113 號），頁 83～86。

43. （日）吉田悟：〈米芾の学書について〉，見於：http://www.soka.ac.jp/soka/common/pdf/16_jinbun1.pdf（2011/3/22）（《創價大學大學院紀要》，2007年），頁 302～306。

44. （日）池田温〈中國古代寫本識語集錄·解說〈上〉〉，《北京圖書館館刊》，1994 年第 3/4 期，頁 89。

三、網站報紙

1. 「澳門藝術網」：
http://www.macaoart.net/News/ContentC.asp?region=C&id=432

2. 《聯合報》2003-07-27·A13·兩岸·大陸新聞中心／綜合報導

3. 教育部重編國語辭典修定本（2013/2/24 瀏覽）：
http://dict.revised.moe.edu.tw/

4. 文淵閣四庫全書內聯網版（2013/7/24 瀏覽）：http://140.120.80.24